TRÉSOR
DES
CHANSONS
JOYEUSES ET POPULAIRES
Anciennes et Nouvelles

RECUEILLIES

PAR PLUSIEURS AUTEURS CHANSONNIERS

PARIS

LEONARDIN-BÉCHET, LIBRAIRE

QUAI DES AUGUSTINS

1858

CHANSONS
JOYEUSES ET POPULAIRES

PARIS. — IMPRIMERIE DE J. CLAYE
7 RUE SAINT-BENOÎT

ANCIENNES ET NOUVELLES
CHANSONS

JOYEUSES ET POPULAIRES

Chansonnettes comiques
Romances, Légendes, Ballades, Duos
Opéras, etc., etc.,

PAR L'ÉLITE
DES AUTEURS CHANSONNIERS

PARIS

BERNARDIN-BÉCHET, LIBRAIRE
31 QUAI DES AUGUSTINS

1858

AVIS DE L'ÉDITEUR

Ainsi qu'il sera facile de s'en convaincre à première vue, ce petit volume est composé d'extraits des collections de chansons les plus notables, publiées depuis le commencement du xixe siècle, jusqu'à ce jour; nous le soumettons à l'opinion publique, dont nous ne redoutons pas l'arrêt, bien que l'on puisse nous objecter que quelques-uns de ces opuscules sont des pièces de convention. D'accord; mais il en est de ces sortes de bagatelles comme des vaudevilles du temps; elles peignent les mœurs de l'époque où elles ont paru, rappellent des opinions, retracent des ridicules, et sous ce point de vue ce sont des médailles qui appartiennent à l'histoire, dont elles conservent les anecdotes. Nous avons largement glané dans les immenses propriétés de notre confrère M. L. Vieillot, amateur et éditeur, d'un goût et d'un jugement recommandables en productions de ce genre ; également, nous avons cru satisfaire à toutes les exigences, en composant cette encyclopédie de la chanson ; tous les genres s'y trouvent réunis. Notre intention était d'abord, de les séparer ; mais la variété, étant le premier attrait d'un recueil lyrique, après une sentimentale romance, une pastorale ou une légende, viennent se ranger une gaudriole légère ou quelques couplets bachiques. Dans cette compilation, nous avons eu soin de grouper toutes les productions lyriques, qui jouissent aujourd'hui de quelques célébrités dans les réunions chantantes de Paris.

Un plus long préambule serait inutile ; aussi, ami lecteur, passez à l'autre page... Chantons !

CHANSONS
JOYEUSES ET POPULAIRES

LA LISETTE DE BÉRANGER

CHANSONNETTE

Chantée par Mlle Déjazet sur divers Théâtres de Paris.

Paroles et Musique de feu Frédéric Bérat.

A BÉRANGER

Enfants, c'est moi qui suis Lisette,
La Lisette du chansonnier
Dont vous chantez plus d'une chansonnette
Matin et soir, sous le vieux marronnier.
Ce chansonnier dont le pays s'honore,
Oui, mes enfants, m'aima d'un tendre amour.
Son souvenir m'enorgueillit encore,
Et charmera jusqu'à mon dernier jour (bis).
  Si vous saviez, enfants,
  Quand j'étais jeune fille,

Comme j'étais gentille...
Je parle de longtemps.
Teint frais, regard qui brille,
Sourire aux blanches dents,
Alors, ô mes enfants, } bis.
Grisette de quinze ans,
Ah ! que j'étais gentille.

Vous parlerais-je de sa gloire ?
Son nom des rois causait l'effroi.
Dans ses chansons se trouve son histoire :
Le monde, enfants, la connaît mieux que moi.
Ce que je sais, moi, c'est qu'il fut sincère,
Bon, généreux, ange consolateur.
Oui, c'est assez de bonheur sur la terre,
Qu'un peu d'amour d'un aussi noble cœur (*bis*).
 Si vous saviez, etc.

Lui, qui d'un beau ciel et d'ombrages
 Avait besoin pour ses chansons,
Fidèle au peuple, il vengea ses outrages,
Et respira l'air impur des prisons.
Des insensés, qu'aveuglait leur puissance,
Juraient alors d'étouffer ses accents ;
Mais dans les fers son luth chantait la France,
La liberté, Lisette et le printemps (*bis*).
 Si vous saviez, etc.

Un jour, enfants, dans ce village,
Un marchand d'images passant

Me proposa (Dieu l'envoyait, je gage),
De Béranger, un portrait ressemblant,
J'aurais donné jusqu'à mes tourterelles ;
Ces traits chéris, je les vois tous les jours.
Hier, encor, de pervenches nouvelles,
De frais lilas, j'ai fleuri mes amours.
Hier, encor, j'ai fleuri mes amours.
  Si vous saviez, etc.

Extraite des œuvres choisies de Frédéric Bérat, mort à Paris le 2 décembre 1855 En vente chez Vieillot, éditeur rue Notre-Dame-de-Nazareth, 32, publiées paroles et musique.

LA LÉGENDE DU BOIS-JOLI

Musique inédite [1].

De mon temps,
 Mes enfants,
Un seigneur de haut parage
Passait dans mon village
Pour être des plus méchants,
Si du fond du Bois-Joli,
Pour la chasse aux jouvencelles

[1]. Les paroles et l'air du refrain sont pris d'un jeu d'enfant.

Il désertait ses tourelles,
La peur sonnait l'*hallali*,
Disant : Il court, le furet,
Le furet du bois, Mesdames,
Il court, il court, le furet,
Le furet du Bois-Joli.
Il va passer par ici,
Le furet du bois, Mesdames.
Ah ! fuyez, filles ou femmes,
Le furet du Bois-Joli.

  Or, voilà
  Qu'Angela,
Plaignez la pauvre petite !
Cueillait la marguerite.
Le furet passa par là.
Il approche à pas de loup,
Et jure par Dieu qu'il l'aime.
Consultée à l'instant même,
La fleur dit : Un peu, beaucoup.
Il court, etc.

  Sans songer
  Au danger
Qui semble planer sur elle,
Par le maudit la belle
Se laisse alors diriger ;
Ils arrivent au manoir,
Elle s'en croit châtelaine

Aux murs du sombre domaine ;
Sa voix répétait le soir :
Il court, etc.

  Au préau
  Du château
Du suzerain la sentence
Fit dresser la potence
Pour un pâtre du hameau
Venu réclamer, tremblant,
Angela sa fiancée.
Sa seigneurie offensée
Veut qu'on pende le manant.
Il court, etc.

  Mais enfin
  Un matin,
C'était en quatre-vingt-treize,
Une immense fournaise
Éclaira le grand chemin.
L'on faisait guerre aux donjons,
Les serfs acquittaient la taille,
Et depuis lors la marmaille
Mit dans ses jeux, ses chansons.
Il court, etc.
    A. HALBERT (d'Angers).

Cette chanson n'a aucun rapport avec celle qui paru sous ce titre : Paroles de M. C. Delange, musique de Mme V. Arago et lui est antérieure.

MA FEMME AU CABARET

DUO COMIQUE

Musique de A. MARQUERIE.

MATHURIN, à demi pochard, tenant une bouteille et un verre de chaque main, entre en chantant :

Elle aime à rire, elle aime à boire, etc.

Ah! parlez-moi de la mère Grégoire! en v'là une fière femme qui entendait rudement la noce! C'est pas comme la mienne une enragée, un vrai diable.

(Thérèse entre furieuse.)

MATHURIN.
Quand on parle du diable on aperçoit... sa
[femme.
THÉRÈSE.
Je te retrouve enfin, scélérat, gueux, infâme!
Toujours au cabaret et la bouteille en main.
MATHURIN.
C'est ma manière à moi de faire mon chemin.

THÉRÈSE.

Cette conduite-là n'aura donc pas de fin ?
Si c'est pas une horreur
De voir ce maître ivrogne,
Qui ne montre du cœur
Que pour mettre en couleur
Son exécrable trogne ?

MATHURIN.

Moi, je bois des liqueurs
Pour que mon nez bourgeonne,
J'aime à le voir en fleurs :
Des goûts et des couleurs
N' disputons pas, Bobonne.

THÉRÈSE.

Quel absurde animal ! Voyez cet être ignoble,
Il pourrait mettre à sec tout un pays vignoble !

MATHURIN.

Si le fait était vrai, je te jure, ma foi,
Que personne serait aussi joyeux que moi !...

THÉRÈSE.

Mais y ne viendra donc pas une loi pour faire fermer toutes les boutiques de marchands de vin ?

MATHURIN.

Si, si, le jour où les femmes cesseront de crier après leurs maris. D'ici là, j'ai le temps d'en écraser quéques grains de chasselas.

THÉRÈSE.

En attendant, on ne m'empêchera pas de crier :

A bas les marchands de vin !
C'te race diabolique
S'empare de chaque coin
Pour ouvrir sa boutique.
Quelle abomination !
Ces gens n'ont rien de bon,
Non, non !

MATHURIN.

Chacun son idée, moi j'aime mieux chanter :

Vivent les marchands de vin !
C'est une race aimable,
De nous ils ont grand soin
Pour nous garder à table.
Quelle consolation !
Ces marchands ont du bon,
Surtout quand ils en ont...

(Montrant la bouteille) :

Du bon.

THÉRÈSE.

Et tu crois que cette conduite-là peut durer ? Ah ! mais, non ! Il faut que ça finisse, entendez-vous, maître ivrogne ?

MATHURIN, tranquillement.

T'as fini de jaboter ? Tu dois avoir soif. Veux-tu boire un coup, sans façon ? — Non. — Eh bien, à la tienne ! (Il boit).

THÉRÈSE.

Et dire que c't être-là, du train dont il y va, mangera tout notre bien.

MATHURIN.

Pour ce qui est de ça, c'est pas vrai, vu que j'en bois les trois quarts.

THÉRÈSE, regardant la bouteille.

Eh! qu'est-ce qu'il boit encore? Dieu me pardonne, je crois que c'est de l'eau-de-vie!

MATHURIN.

Mais zoui, ça tient moins de place et ça soûle plus vite.

THÉRÈSE.

C'est donc ben genti d'être soûl.

MATHURIN.

Vaut mieux être soûl qu'être bête, ça dure moins longtemps, et y a tout profit à recommencer.

THÉRÈSE.

Et voilà la vie de tous les jours! et moi je garde la maison avec une douzaine d'enfants autour de mes oreilles.

MATHURIN.

C'est faux, t'en as qu'onze!

THÉRÈSE.

Qu'importe, animal! quand on fait des enfants on les nourrit.

MATHURIN.

Ah! tu parles par proverbes, toi, attends,

j'te vas rendre la monnaie de ta pièce. Quand le vin est tiré, il faut le boire (Il boit); et puis, d'ailleurs, je les ai pas faits tout seul, ces enfants-là, tu y es ben pour une bonne part.

THÉRÈSE.

Si c'est pas une indignité! Et dire que je suis condamnée à vivre avec un ourson pareil! Tenez, regardez-le, il boit toujours!
Mais la brute est plus sage et ne se fait pas fête
D'aller boire sans soif à toute heure du jour.

MATHURIN.

Bah! la distinction de l'homme avec la bête,
C'est de boire sans soif et fair' toujours l'amour.

Voilà mon opinion. Comment trouves-tu le bouillon?

REFRAIN.

Ah! ben oui! c'est tout comme si je chantais. Je ne viendrai jamais à bout de le corriger. Faut en prendre son parti. C'est le plus court.

    Après tout c'est de la bêtise,
    Et ma patience est à bout :
    Pendant que je le moralise,
    L'animal avalerait tout.
C'est assez m'épuiser pour une brut' pareille :
Ma foi! trêve aux sermons, du moins pour au-
                      [jourd'hui;

Allons-y ; Mathurin, passe-moi la bouteille,
Puisque c'est le moyen de dissiper l'ennui.

MATHURIN. [ma Thérèse,
Quoi! vraiment, tu voudrais?.. C'est charmant,
Je te passe la fiole... et bois tout à ton aise !
(Thérèse boit à la bouteille.)
(Mathurin la regardant boire.)
Quel bon petit élève ! Oui ! j'en suis convaincu,
Elle va rattraper bientôt le temps perdu.

THÉRÈSE, lui rendant la bouteille.
Ah ! diable ! je ne vois pus rien !...
Oh ! je m'en vais tomber par terre.
A mon secours, Mathurin !...

MATHURIN.
On y va! Les deux font la paire.
(Il la prend sous le bras.)
Ah ! comme la boisson vous rend la femme
[tendre !
Nous nous disputions... faute de nous entendre.
Eh ben ! Thérèse ! qué que t'en dis de c'te fine liqueur ? C'est-y ça qu'est du parfait-amour ?

THÉRÈSE.
J'ai soif.

MATHURIN.
Allons-y gaiement ! (Ils boivent en trinquant ensemble.) A ta santé !
Chante-nous quéque chose.

THÉRÈSE.

Ça me va. Un couplet de pochard pour toi !...

AIR : *Toto-Carabo.*

Il était un petit homme
Qu'était constamment gris,
　　Dans le pays.
Il allait faire un somme
Quand il n'en pouvait pu
　　D'avoir bu,
　Et quand il était (*bis*)
Dans le sommeil engagé,
Il était sou (*bis*), il était soulagé (*bis*).

MATHURIN.

Ah ! c'est comme ça ! Eh bien ! écoute-moi celui-là :

Mais un beau jour sa femme
S'est pochardée aussi
　　Comme lui,
Et puis la bonne dame
Ne pouvait faire un pas
　　Sans son bras.
　Et quand ils étaient (*bis*)
Tous deux bras d'sous bras d'sus.
Ils étaient sou (*bis*), ils étaient soutenus (*bis*).

Allons nous coucher... Mais avant, fais

amende honorable aux marchands de vin, et souviens-toi, Thérèse, que c'est des gens honorables qui font partie de la société des litres.

(Au refrain.)

Feu ÉVARISTE FAVREAU.

LE PLAISIR

AIR: *Heureux habitants des beaux vallons de l'Helvétie* (Châlet),
ou
Ce n'est qu'au Lion-d'Or que le plaisir, etc.

Vive le plaisir !
A le saisir
Moi je m'empresse ;
Aux ris, aux amours
Gaiment je consacre mes jours.

En joyeux luron,
D'un tendron
Je sais, par adresse,
Captiver le cœur,
En un mot, je suis son vainqueur.

Je sais apaiser
Par un baiser

Femme rebelle,
Par un doux serment
Je jure d'aimer constamment.
Je lance un regard,
Sans nul retard,
Cette cruelle
Comble mes désirs :
Là je contente mes loisirs.
Vive le plaisir, etc.

A duper,
Tromper,
De m'occuper
Toute la vie,
J'ai formé le vœu,
Car pour moi cela n'est qu'un jeu ;
Vivre sans souci
Ainsi,
Telle est ma fantaisie,
Près d'une beauté
Je m'enivre de volupté.
Vive le plaisir, etc.

Pour devise enfin
J'ai pris soudain
L'indépendance ;
D'un plat courtisan
Jamais je n'envirai le rang.
De l'or aujourd'hui,

Demain réduit
A l'indigence,
Toujours en gaîté
Je dis : vive la liberté!
Vive le plaisir, etc.

JOSEPH LEGRAND.

LE LOUVETIER

CHASSE

Chantée par M. GÉRALDY, aux concerts
de la salle Hertz.

Paroles de M. E. BOURGET, musique de M. P. HENRION.
La musique chez M. Colombier, édit., 6, rue Vivienne.

Gais louvetiers! c'est jour de fête!
C'est grande chasse en la forêt;
Bientôt, nos chiens seront en quête... } bis.
Allons, partons, car tout est prêt.
Partons! pif! paf! c'est jour de fête!
   Pif, paf, gare à nos coups.
Tayau! tayau! gare à la bête,
    A nous les loups!

Je suis grand louvetier du roi,
Et passé maître en vénerie;

Jamais un loup n'a, devant moi,
Fait un pas sans perdre la vie !
Aussi, dès l'aube, au rendez-vous,
Je suis à la fontaine aux loups,
    Sonnant et chantant,
    Au loin répétant :
    [1] Harloup ! v'la-ô !   (bis.)
Gais louvetiers, etc.

Voici mon histoire en deux mots :
Dans les forêts de nos Ardennes,
J'étais un lieur de fagots,
Pauvre d'argent, riche de peine...
Mais quand j'apercevais un loup,
Il était mort du premier coup ;
    J'ai fait même un jour,
    Coup double à mon tour.
    Harloup ! v'la-ô !   (bis.)
Gais louvetiers, etc.

Un jour, me voyant en forêt,
Le roi me dit : « Viens à Versailles. »
« Sire, hélas ! lui dis-je à regret,
« Là-bas, vous n'avez que des cailles...
« Sire, à Versailles, y songez-vous ?
« Toujours des cerfs, jamais de loups ;
    « Jamais de danger !

1. Terme de louveterie.

« Ni d'homme à venger. »
 Harloup ! v'la-ô ! (bis.).
Gais louvetiers, etc.

« Soit, je te fais grand louvetier ! »
Me dit le roi, « Par tes prouesses,
« Sache ennoblir ton beau métier,
« Tu peux compter sur mes largesses… »
En apprenant ça, de plaisir
Ma pauvre mère pensa mourir !…
 Depuis ce jour-là,
 Je chante oui-da :
 Harloup ! v'la-ô ! (bis.)
Gais louvetiers, etc.

MES SOUVENIRS

Air : *Chasseurs, épargnez l'hirondelle.*

Le temps a glacé mon visage,
La ride a sillonné mon front ;
Pour moi le monde est un passage
Mêlé de plaisir et d'affront.
Repoussant la cruelle envie,
Vieillard, je me dirai toujours,
Adieu, doux printemps de ma vie,
Adieu, rêves de mes beaux jours.

Jeune, l'on se sent idolâtre
Des vrais amours et du plaisir;
Vieillard, assis au coin de l'âtre,
On ne ressent aucun désir.
Heureux quand la blonde Silvie
M'enivrait par ses beaux atours.
Adieu, etc.

Pour venger la patrie en larmes,
Pour écraser tous ses tyrans,
Un jour on vit prendre les armes
A tous ses augustes enfants;
Pour chasser la horde ennemie,
La France implorait mon secours.
Adieu, etc.

Je t'adorais à la folie
Mon beau petit ange des cieux;
Et toi, trop sensible Eulalie,
Toi, tu répondais à mes feux.
Si notre jeunesse est flétrie,
L'amitié doit avoir son cours.
Adieu, etc.

Douce illusion passagère
Qui me berçait d'un fol espoir,
Allez, fuyez de cette terre,
Nous ne pouvons plus nous revoir.
La tombe est une douce amie

Où l'on sommeille pour toujours.
Adieu, etc.

EUGÈNE LEBEAU, dit *Ruy-Blas*.

BLANCHE DE BONDYS

BALLADE IMITÉE DE L'ALLEMAND

Musique de A. MAQUERIE.

A mon ami F. T. Cozols.

Au coin d'un grand foyer gothique,
A Bondys, féodal manoir,
Un grillon, hôte domestique,
Vivait en paix, chantant le soir.
En devisant au coin de l'âtre,
Gente fillette, au sein d'albâtre,
Lutinait le faible animal,
Bien que l'aïeul à tête blanche
Sans cesse lui répétât : Blanche,
Au faible ne fais pas de mal.

REFRAIN.

Dieu seul mesure l'existence
Du ver comme du papillon,
Tous sont égaux dans sa balance,
L'hôte des bois ou le grillon.

S'ils ne peuvent en rien vous nuire,
　　Sachez, hélas !
Qui sait créer, seul peut détruire.
　　N'y touchez pas.

Il pleut, il vente, et dans la plaine
Pourtant le cor a retenti,
Et jeune fille, et châtelaine,
En l'entendant ont tressailli.
C'est, il est bien temps qu'on le dise,
Que Blanche à l'hymen est promise,
Et l'on attend son fiancé.
Lors sur la cendre la folâtre,
Du bout de la pelle noirâtre,
Efface un nom qu'elle a tracé.
Dieu seul, etc.

Pendant ce temps, le bon grand-père,
Et pour la millième fois,
Parle de son printemps prospère
Et de ses exploits d'autrefois.
Longuement alors il raconte
Comment le roi le nomma comte,
De simple baron qu'il était.
Les yeux baissés, la jouvencelle
Sourit, attaquant de plus belle
Le petit grillon qui chantait.
Dieu seul, etc.

Mais voyant que Blanche se joue
De sa recommandation,
Le grand-père effleure sa joue
En signe de correction.
D'une voix tremblante il ajoute :
« Las ! entre vous nul ne se doute
Qu'un mystère est ici caché.
Apprenez-le donc de ma bouche,
Et toi surtout, que rien ne touche,
Blanche, tremble d'avoir péché.
Dieu seul, etc.

« Une bonne fée, ô ma Blanche,
Sur ton berceau, quand tu naquis,
Avec amour soudain se penche,
Et dit avec un doux souris :
Par la santé, l'esprit, la grâce,
Tu brilleras, et sur ta trace
Chacun s'empressant d'accourir,
En toi fêteront la plus belle.
Ainsi parla la fée Urgèle.
Mais apprêtez-vous à frémir.
Dieu seul, etc.

« Un enchanteur plus puissant qu'elle,
Habitant dans le bois voisin,
Accourt ; mais apprenant qu'Urgèle
A prononcé sur ton destin,
Alors sa colère est extrême,

Et pour punir celle qui t'aime
Il la convertit en grillon ;
Puis, dans cette cendre échauffée
Il confina la pauvre fée,
Lançant cette prédiction ;
Dieu seul, etc.

« Malheur à qui de cette bête,
Soit par mégarde ou par plaisir,
Causera la mort! Par ma tête,
Trois mois après, il doit mourir! »
L'aïeul se tait. Tous, en alarmes,
Cherchent, les yeux baignés de larmes,
Si le grillon, hélas! est mort.
Le pauvre insecte sur la pelle
Qu'agitait Blanche la rebelle
Est sans vie! Ah! funeste sort!
Dieu seul, etc.

Trois mois après, dans la vallée,
A l'ombre de deux noirs cyprès,
L'on gravait sur un mausolée
Une épitaphe comme après :
« Ci-gît, fille de puissant sire
Jehan-Rodolphe Valacire,
Comte d'Almor et de Bondys.
Blanche n'avait que seize ans d'âge.

Vous qui traversez ce village,
Oh! dites un *De profundis.* »
Dieu seul, etc.

A. HALBERT (d'Angers).

A MON AMIE

ROMANCE

Air : *Il ne faut pas jouer avec le feu !*

Toi, pauvre fleur, que le souffle d'Eole
Vient caresser dans ton humble réduit,
Viens, que ma lèvre effleure ta corolle,
Pour apaiser le feu qui m'a séduit !...
A mon amour oppose ton image,
Viens retremper mon cœur tremblant d'émoi,
Ah ! pour aimer comme on aime au bel âge,
Je suis heureux quand je suis près de toi !...

Toi noble cœur, dont les douces paroles
Ont de ton âme exalté la beauté,
Au malheureux que souvent tu consoles
Fais voir encor un jour de liberté...
Vers le bonheur que ta voix le rappelle,
En lui montrant la Vérité, la Foi.

Ah ! pour aider à l'œuvre fraternelle,
Je suis heureux quand je suis avec toi.

Toi dont l'amour a fait vibrer mon âme,
Sous un ciel pur guide mes pas tremblants,
Et dans mon cœur, par un baiser de flamme,
Viens raviver des souvenirs touchants...
Dans ton regard je puise tes louanges,
Regard si doux que m'envîrait un roi !...
Ah ! pour rêver aux célestes phalanges,
Je suis heureux quand je suis près de toi !...

Toi, tendre femme à la verve timide,
Fais résonner ton noble chant d'espoir [1],
Qui fit germer dans un chemin aride
Idée, amour et respect du devoir.
Chante toujours pour ton sexe fragile,
Et de Jésus suis la divine loi.
Ah ! pour comprendre et lire l'Evangile,
Je suis heureux quand je suis avec toi !...

Toi qui fis naître en moi de douces choses,
Par tes baisers tu berces mon sommeil,
Et sous le toit, ô femme, où tu reposes,
Qu'il est heureux, l'instant de mon réveil !
Que mon bonheur ne soit point éphémère,
Et que mes jours se passent sans effroi...

1. Mission de la femme.

Ah! pour trouver l'amitié d'une mère,
Je suis heureux quand je suis avec toi!...

ALPH. HENICQUE.

Mars 1855.

FOI, ESPÉRANCE, CHARITÉ

ROMANCE

Musique d'A. MAQUERIE.

Je vais partir, adieu, ma belle;
Je suis soldat, l'honneur m'appelle :
Mon cœur te restera fidèle,
Je n'aimerai jamais que toi.
Je vais subir le sort des armes;
Ne tremble pas, sèche tes larmes.
En considérant tant de charmes,
Vois si je puis trahir ma foi.
  Je mets en toi
   Toute ma foi,
   Mon espérance.
  Par charité,
 Tu me promets d'avance

Fidélité.
J'ai confiance,
Pour notre amour, en cette trinité :
La foi, l'espérance et la charité.

Je suis bien loin de ma compagne,
Je fais ma première campagne :
Eh quoi ! morbleu ! la peur me gagne !
Non ! C'est l'effet du premier feu.
Je suis soldat, soldat de France !
On crie : En avant ! je m'élance.
Gardant ma foi, j'ai l'espérance
De rejoindre ma belle ou Dieu.
Je mets, etc.

Je suis blessé... Dans cette enceinte,
Où tout est deuil, où tout est plainte,
A mon chevet quelle est la sainte,
Symbole de l'humanité ?
Mon Dieu ! quelle affreuse pensée
Surgit dans mon âme oppressée :
C'est *elle !* C'est ma fiancée,
Près de moi, sœur de charité.
J'ai mis en toi
Toute ma foi,
Mon espérance,
Et tout a fui !
Ma dernière heure avance,
Mon Dieu, merci !

J'ai confiance
Jusqu'à la fin dans cette trinité :
La foi, l'espérance et la charité.

Feu Évariste Favreau.

GRANDES VÉRITÉS

a l'ordre de tous les jours

et de tous les pays

Ouvrage plus moral qu'on ne pense,
extrait de cent mille et un volumes de politique,
philosophie, morale, physique, géométrie,
législation, économie rurale et domestique, etc., etc.

Air : *Aussitôt que la lumière.*

Oh ! le bon siècle, mes frères,
Que le siècle où nous vivons !
On ne craint plus les carrières,
Pour quelques opinions.
Plus libre que Philoxène,
Je déchire le rideau :
Coulez, mes vers, de ma veine ;
Peuples, voici du nouveau.

La chandelle nous éclaire ;
Le grand froid nous engourdit ;
L'eau fraîche nous désaltère,
On dort bien dans un bon lit.
On fait vendange en septembre ;
En juin viennent les chaleurs ;
Et quand je suis dans ma chambre,
Je ne suis jamais ailleurs.

Rien n'est plus froid que la glace ;
Pour saler il faut du sel.
Tout fuit, tout s'use, et tout passe !
Dieu lui seul est éternel.
Le Danube n'est pas l'Oise,
Le soir n'est pas le matin ;
Et le chemin de Pontoise
N'est pas celui de Pantin.

Le plus sot n'est qu'une bête ;
Le plus sage est le moins fou ;
Les pieds sont loin de la tête,
La tête est bien près du cou ;
Quand on boit trop on s'enivre ;
La sauce fait le poisson ;
Un pain d'une demi-livre
Pèse plus d'un quarteron.

Romulus a fondé Rome ;
On se mouille quand il pleut ;

Caton fut un honnête homme ;
Ne s'enrichit pas qui veut.
Je n'aime point la moutarde
Que l'on sert après dîné ;
Parlez-moi d'une camarde
Pour avoir un petit nez.

Quand un malade a la fièvre,
Il ne se porte pas bien ;
Qui veut courir plus d'un lièvre,
A coup sûr n'attrape rien ;
Soufflez sur votre potage,
Bientôt il refroidira ;
Enfermez votre fromage,
Ou le chat le mangera.

Les chemises ont des manches ;
Tout coquin n'est pas pendu.
Tout le monde court aux branches
Lorsque l'abre est abattu :
Qui croit tout est trop crédule ;
En mesure il faut danser.
Une écrevisse recule
Toujours au lieu d'avancer.

Point de mets que l'on ne mange,
Mais il faut du pain avec ;
Et des perdrix sans orange
Valent mieux qu'un hareng sec.

Une tonne de vinaigre
Ne prend pas un moucheron ;
A vouloir blanchir un nègre
Le barbier perd son savon.

On ne se fait pas la barbe
Avec un manche à balai ;
Plantez-moi de la rhubarbe,
Vous n'aurez pas des navets.
C'était le cheval de Troie
Qui ne buvait pas de vin ;
Et les ânes qu'on emploie
Ne sont pas tous au moulin.

J'ai vu des cailloux de pierre,
Des arbres dans les forêts,
Des poissons dans la rivière,
Des grenouilles aux marais ;
J'ai vu le lièvre imbécile
Craignant le vent qui soufflait,
Et la girouette mobile
Tournant au vent qui tournait.

Le bon sens vaut tous les livres ;
La sagesse est un trésor ;
Trente francs font trente livres ;
Du papier n'est pas de l'or.
Par maint babillard qui beugle
Le sourd n'est point étourdi ;

Il n'est rien tel qu'un aveugle
Pour n'y voir goutte à midi.

Ne nous faites pas un crime
De ces couplets sans façon :
On y trouve de la rime
Au défaut de la raison.
Dans ce siècle de lumières,
De talents et de vertus,
Heureux qui ne parle guères,
Et qui ne pense pas plus.

ARMAND CHARLEMAGNE.

L'ARABE ET SON COURSIER

Musique de F. Bellet,

AIR : *Votre cœur m'est fermé.*

O voyageur ! partage ma tristesse,
Mêle tes cris à mes cris superflus.
Il est tombé, le roi de la vitesse !
L'air des combats ne le réveille plus.
Il est tombé dans l'éclat de sa course,
Le trait fatal a tremblé sur son flanc,
Et les flots noirs de son généreux sang

Ont altéré le cristal de la source.
Voix du désert, redis au loin mon deuil,
L'ami du brave est au fond du cercueil.

Du meurtrier j'ai puni l'insolence ;
Sa tête horrible aussitôt a roulé.
J'ai dans son sang désaltéré ma lance,
Et sous mes pieds je l'ai longtemps foulé ;
Puis, contemplant mon coursier sans haleine,
Je l'enlevai d'un bras mal affermi,
Et je revins, triste, et portant l'ami
Qui tant de fois me porta dans la plaine.
Voix du désert, etc.

Depuis ce jour, tourment de ma mémoire,
Nul doux soleil sur ma tête n'a lui ;
Mort au plaisir, insensible à la gloire,
Dans le désert je traîne un long ennui.
Cette Arabie, autrefois tant aimée, [beau ;
N'est plus pour moi qu'un morne et grand tom
On me voit fuir le sentier du chameau,
L'arbre d'encens et la plaine embaumée.
Voix du désert, etc.

Sous l'œil du jour, quand la soif nous dévore,
Il me guidait vers le fruit du palmier ;
A mes côtés, il combattait le Maure,
Et sa poitrine était mon bouclier.
De mes travaux, compagnon intrépide !

Fier et debout dès le réveil du jour,
Aux rendez-vous et de guerre et d'amour,
Tu m'emportais, semblable au vent rapide.
Voix du désert, etc.

Tu vis souvent cette jeune Azéïde,
Trésor d'amour, miracle de beauté ;
Tu fus vanté de sa bouche perfide,
Ton cou nerveux de sa main fut flatté.
Plus douce était que la tendre gazelle,
Le haut palmier brillait de moins d'appas ;
D'un beau Persan elle suivit les pas,
Toi seul, ami, tu me restas fidèle.
Voix du désert, etc.

Entends du moins ton maître qui te pleure.
Il te suivra ; réunis dans la mort,
Couchés tous deux dans la même demeure,
Nous dormirons aux sifflements du nord.
Tu sortiras de la tombe poudreuse,
Et sous ton maître au jour du grand réveil,
Tranquille et fier, dans les champs du soleil,
Tu poursuivras ta route lumineuse.
Voix du désert, etc.

MILLEVOYE.

LA QUÊTEUSE

ou

POUR LES PAUVRES, S'IL VOUS PLAIT?

ROMANCE

Chantée par M. PONCHARD, aux concerts
du *Ménestrel*.

Paroles de M. G. LEMOINE, musique de Mlle L. PUGET,
La musique chez MM. HEUGEL et Cⁱᵉ, 2 bis, rue Vivienne.

Avez-vous connu Fanchette,
La filleule du Seigneur,
Qui, les jours de grande fête,
Allait quêter pour le malheur?
Ah! qu'elle était joliette,
Frais minois, et blonds cheveux!
Et chacun nommait Fanchette,
La quêteuse aux jolis yeux;
  Ah! ah! ah!
Jamais on ne refusait,
  Ah! ah! ah!
Quand sa douce voix disait:

A Fanchette,
Pour la quête,
Donnez, donnez sans regret,
Nobles dames,
Bonnes âmes,
Pour les pauvres, s'il vous plaît!

Un beau jour, elle s'arrête
A la porte d'un castel,
A frapper elle s'apprête,
En invoquant tout bas le ciel;
Mais à sa voix suppliante
L'intendant répond soudain :
« Vite hors d'ici, mendiante !
Et passez votre chemin. »
Ah ! ah ! ah !
Ah! combien elle tremblait,
Ah ! ah ! ah !
Et pourtant sa voix disait :
A Fanchette, etc.

Sous les pleurs brillaient ses charmes :
Le seigneur passe en ces lieux,
Quoi! l'on fait couler tes larmes,
O ma quêteuse aux jolis yeux !
Mais de ce riche domaine,
Le témoin de ta douleur,
Je veux que tu sois la reine,
Toi la reine de mon cœur !

Le lendemain à l'église,
Les pauvres avaient de l'or,
Car la nouvelle marquise
A sa cour disait encor :
  A Fanchette,
  Pour la quête,
Donnez, donnez sans regret,
  Nobles dames,
  Bonnes âmes,
Pour les pauvres, s'il vous plaît !

LE SAVOYARD POETE ET GALANT

ou

LE BOUQUET DE FÊTE

CHANSONNETTE COMIQUE

(Tenant en main quelque chose d'un peu élevé recouvert d'une serviette, et s'adressant à une dame.)

Madame,   [neur
Celui que vous voyez, c'est Cadet, qu'a l'hon-
D'êt' en tous vos besoins, vot' très humb' ser
    De tout mon cœur.   [viteur

Madam', oui c'est moi-mêm' qui s'tient z'au coin
[d'la rue,
Et d'sus qui quelquefois vos beaux yeux jet'
[leur vue ;
Moi qui n'aura jamais pas d' pus grand' zam-
[bitions
Que d' fair', en vous servant, tout' mes satis-
[factions.
On dit qu' c'est toujours malhonnête,
Quand on s'vantait, que d' parler d' soi ;
Mais quoi qu'on dise, en parlant d' moi :
C't'imbécilé d'Cadet, oui, Madam', n'est
[qu'un' bête ;
J'crois qu'je n'le suis pourtant pas tant,
Pis qu'c'est en vers, très-certain'ment,
Que j'viens vous fair' mon compliment.
Aussi ben dès qu'j'ai su vot' fête,
J'm'ai senti des vers plein la tête :
(Après une pause.)
Car i m'semb' dès que j'pense à vous,
Qui m'vient un j'ne sais quoi tout doux,
Qui tout d'suit' t'em' donne envi' d'faire
C'qu'on fait quand on a besoin de plaire.
C'est des vers que j'fais dans c'cas-là :
J'viens vous en offrir un p'tit plat.
Si j'peus vous plair' par ma pouésie,
J'aurai satisfait mon envie.   [teur,
Mais quand mêm', c'qui m's'rait l'pus flat-
C'est qu'ça vous rest' toujours dans l'cœur.

(Parlé.) Ah ça, à présent, voici mon compliment :

Pour fêter comm' i faut vot' aimab' personnage,
Et vous tracer les feux de mon unique ardeur,
Il faudrait du savoir encor ben davantage
    Que j'n'en ai, ma parol' d'honneur.
C'est dommag' que ma mus', madam', n'est pas
                      [trop bonne ;
J'vous aurais comparé d'abord à vot' pa-
                            [tronne,
Dans laquel' fourmillaient, comm' dans les
    Des vertus   [vrais élus,
    Tant et plus.
Quoiqu' pour vous en trouver faudrait êt' ben
  (On récite ce vers en ânonnant.)   [habile,
Puisqu'il faudrait en vous les chercher parmi
                            [mille.
J'aurais pu célébrer vos excellents appas ;
    Mais je vois clair que vous n'en avez pas
    Dont d'en parler mon talent soit capable.
J'aurais voulu vanter ce grand fonds épui-
                            [sable
De bienfaits qui partout renaissent sous vos
      Et c'n'est pas l'embarras ;   [pas,
Mais on m'en a tant dit, que j'n'en peux pus
                            [rien croire,
    Et puis, je n'saurais par quel bout
    M'y prend' pour en fair' el' mémoire.

J'aim' donc mieux n'en rien dir' du tout,
Pour vous en laisser tout' la gloire,
Et qu'vot' nom bril' tout seul à jamais dans
[l'histoire.
Aussi, dans ces cas-ci, j' m' suis, Madame,
[borné
A vous fair' sans façon mes vœux et mon
[hommage,
Dont pour pus sûr j'vous mets mon cœur en
[gage.
Si des fleurs du Pégas' mon styl' n'est pas orné,
C'est qu'le v'là tel qui sort des mains d'la bel'
[nature ;
Tout c'qu'y a, c'est qu'mon âme est pure.
Si, par vous, malgré ça, je n'suis pas applaudi,
Eh bien ! prenons que j'n'ai rien dit.

J'ai l'honneur de vous saluer.

Oui, mais c'n'est pas tout, j'vous ai encore fait d'aut' p'tits morceaux d'vers que j'vas vous chanter. A propos d'ça, faut pourtant que j'vous raconte comme quoi j'ai su vot' fête. Vous savez ben, vot' porteux d'eau qui sort d'ici, et la bouquetière du coin : eh ben, ils leux disputaient c'matin pour un bouquet de fleur d'orange. J'dis au porteux d'eau : Pour qui donc ce bouquet ? — C'est pour c'te dame de c'te porte cochère q'uest si aimable. — Quelle porte cochère donc ? — Eh ben, de c'te maison où est c'te dame d'âge qu'on vient de ravaler du haut en bas; tiens, là, où sont ces nouveaux locataires qu'on vient de rachever d'peind' sur l'derrière, avec des persienn' sur l'devant. — Ah! oui, que j'lui dis, j'vois ça ; c'est là où est c'parfumeux qui fait c'te pommade, d'sus vot' respect, qui pue tant; dont c'te dame d'âge a un fils commis, qui est un petit monsieur, dans la finance. - Eh ben! oui, qui m'dit, c'est sa fête aujourd'hui. — Et v'là la chose dont j'vous ai fait tout ça tout d'suite c'matin.

V'là la chanson; v'là comme ç'a c'mence. C'est pour me dire à moi-même qui vaut mieux vous donner d'mes vers qu'un bouquet. Ecoutez ben, v'sallé entendre.

AIR : *Petits oiseaux, taisez-vous.*

Un bel œillèt, zun' bell' rose,
V'là-ti pas quéqu' chose de beau!
J'aime bien mieux li fair' quéqu' chose
Qui li entre au fond du cerveau.
J'vas li donner pour sa fête
Un bouquet d'vers par écrit :
Ça ne se fan' pas dans la tête,
Pis qu'c'est la fleur ed' l'esprit.

A présent, c'est pour vous dire qu'on devrait vous envoyer promener bien souvent.

AIR : *Du Péché par ignorance.*

Quoi ! vous verra-ton donc toujours,
Vous qu'avez tun air si zalerte,
Sans pouvoir aller, les beaux jours,
Respirer l'air de l'her...be verte !
Et si la puissanc' de marcher
Vous est r'fusé' par la nature,
Puiss'-t-elle (pour vous) fair' de moi zun co-
[cher
Att'lé d'ses ch'vaux et d'sa voiture !

Ah dam ! comme j'vous roulerais d'sus l'gazon pour vous esquiver l'cabotage des orgnières ; et pis que j'vous r'muerais les plumes du siége pour qui soit mou ; et pis que j'vous mèn'rais comme la mariée avec tout plein d'épines tout autour en fleur, pour que vous sentiez bon ; et pis... C'est pourtant dommage qu'tout ça ne soit qu'un p'tit rêve.

(Avec colère, comme apostrophant les rieurs.)

Ah ça ! mais, quéqu' c'est donc q'tout c'te cacafolie-là ? J'crois qu'on s'moque. On m'ricann' ed' més vers ; on m'ricann' ed' més proses. C'est qu'ça c'mence à m'ennuyer ; ça m'coup' mon fil du discours, et pis je n'sais c'que je dis. Mais ça m'est égal : j'm'avais ben prévenu d'l'avance que j'trouv'rais p'têt' ici d'cés messieux qui s'piqu' ed' vers comm' moi, et v'là c'que j'leux dis :

Air des Pendus.

Messieux za quoi sert de s'moquer ?
Vaut mieux fair' mieux que d'critiquer.
 Si mes pouési' sont un peu rudes,
Comm' vous j'n'ai pas fait mes études ;
Mais si j'suis v'nu za bout d'més buts,
On doit dir' que j'fis tout c'que j'pus...

Mais non, c'est vrai ça : i semble, parc' qu'on za quéqu' talent vis-à-vis d'cés messieux, qui faut leux servir d'objet ; aussi j'leux ai ben dit leur fait, pas vrai, Madame ? Et pis quéqu' ça m'fait ? qui s'moqu' si veulent ; ça n'me gêne pas : faut toujours que j'finisse mes fonctions. T'nez, v'là mon dernier morceau : c'est pour vous dire qui fallait que j'vous apporte ça ; c'n'est pas l'tout que d'se présenter un peu propre aux dames, ez aim' assez qu'on n'leux vienn' pas toujours lés mains nettes.

Même air que le précédent.

Vraiment, qué cas f'rait-on d'Cadet?
J's'rais donc pus dindon qu'Dodinet,
Quand chacun vous fait zune offrande,
De m'voir là tout seul ed' la bande,
Avec un nez d'un' aun' de long,
De n'vous pas offrir quéqu' bon don!

(Il découvre le cadeau d'un air tout glorieux,
et l'on voit une vessie gonflée.)

Ah! qu'c'est traître!... ah! qu'c'est mal!... Une vessie, c'est par Dieu vrai!... tandis qu'c'était un gros gâteau de follicul' ed' pomm' de terre, et d'la pus fine, encore! que l'pâtissier m'avait fait c'matin pour Madame, gratis. C'est ben indigne, ça. J'gage qu'i n'gnia c'té gueuse d'Mad'line qu'est capab' ed' ça. (Il fait feinte de l'apercevoir.) Mam'selle, mon gâteau de follicule! Fi! vous manquez d'respect za votre maîtresse, avec vot' charcuterie. J'voudrais que l'marchand vous l'eût soufflée dans l'dos. Ah ben! pour une bonne, vous êtes ben mauvaise. Tenez, avec tous vos biaux sentiments, v'savez fait là un' chose à Madame, qu'est pus laide qu'vot' péché mortel. Un' aut' fois, j'vous r'mettrai mes confidences en maniement. V'nez-y, allez, m'camijoler avec vos yeux mielleux. V'là qu'a rie encore ! tandis qu'je m'sens tout époussiffé d'lescousse qu'a ma faite avec sa villennie. Mam'selle ! mon gâteau ! tout de suite.

(On apporte à Cadet son gâteau, qu'il offre alors avec une grande expression de joie à son choix à telle ou telle personne.)

Biliiou et A. Halbert (d'Angers).

UNE MÈRE !

Air : *N'effeuillez pas les marguerites.*

Quelle est donc cette couleur sombre,
Autour de moi tout est en deuil ?
Il fait nuit, j'aperçois dans l'ombre
Un bouquet blanc, puis un cercueil !
Ces hommes noirs, que vont-ils faire ?
Tenez, tenez, voici de l'or ;
Encore un peu, je suis sa mère :
C'est mon amour, c'est mon trésor !
Ah ! par pitié, laissez ma fille,
Elle est trop jeune pour mourir ;
Elle est si blanche, si gentille !
Je prierai Dieu de vous bénir.

Mon cœur sent le sien qui palpite,
De ses lèvres glisse un souris.
O ma tant douce Marguerite!
Souris encore, ange, souris.
Tiens, prends mon souffle, prends ma vie,
Sous mes baisers réveille-toi!
Mais si la Parque t'a ravie,
Je te suis, enfant, attends-moi.
Oh! par pitié, etc.

A deux genoux la pauvre mère
Implorait Marie et Jésus,
Sa Marguerite qu'elle serre
Déjà fait un ange de plus.
Mais sous cette douleur cruelle,
Son âme vers Dieu prit l'essor.
Quittant sa dépouille mortelle,
Sa bouche répétait encor :
Oh! par pitié, etc.

On voit depuis sur une tombe
Une rose avec son bouton;
De la fleur la tête qui tombe
Semble pleurer son rejeton.
Dans les cyprès, quand le vent souffle,
On dit qu'on entend chaque soir
Murmurer comme un léger souffle,
Ces mots d'un cœur au désespoir :
Oh! par pitié, etc.

Fd. Gozola.

LA CLOCHETTE DES PRÉS.

CHANSONNETTE

Musique nouvelle.

Je suis la douce clochette,
    La seulette
Sous le châtaignier tout noir,
Et c'est au souffle d'automne,
    Moi qui sonne
Sur les prés matin et soir (*bis*) :
Tin, tin, tin, tin, tin, tin, tin.
    Jeune fillette,
    Si follette,
Tin, tin, tin, tin, tin, tin, tin.
Ne t'égare pas sur l'herbette,
Car le soir un lutin t'y guette.
    Fillette,
    Gentillette,
    De la clochette
Écoute le refrain.

En chassant sur la prairie
    Si fleurie,
Ces papillons éclatants,

Sache que le temps petite
    Aussi vite,
Emporte tes jeunes ans (*bis*).
Tin, tin, tin, etc.

C'est moi qui sous le grand chêne,
    Dans la plaine
Le soir, tinte avec amour,
Et j'entends voix étouffées,
    Nains et fées,
Venir danser tous autour (*bis*).
Tin, tin, tin, etc.

Oui, pour nous deux, jeune fille
    Si gentille,
Dieu fit le même destin.
Zéphir brise ma corolle,
    Et toi, folle,
Crains l'Amour, crains ce lutin (*bis*).
Tin, tin, tin, etc.

Crois-moi, mon enfant, évite
    Marguerite.
Ma sœur, qu'on dit fleur d'amour,
Sa feuille que le vent sème
    Disant : J'aime !
Ment un peu, beaucoup, toujours (*bis*).
Tin, tin, tin, etc.
        A. HALBERT (d'Angers).

RAOUL LE MAUDIT.

LÉGENDE

Musique d'A. Marquerie.

Dans un vieux manoir d'Aquitaine,
Du temps du roi Louis le Saint,
Vivaient en paix la gente Hélène,
Et son père bon suzerain ;
Elle avait aux Pâques dernières
Vu s'ouvrir ses seize printemps ;
Sous les cils noirs de sa paupière
L'Amour forgeait ses traits charmants.
    Chasse le papillon,
    Cueille la violette,
    Mais fuis, ô bachelette,
    Le traître Cupidon.

L'herbe, dans sa course rapide,
Ployait à peine sous ses pas,
Quand au bord du ruisseau limpide
Elle livrait de gais combats
A la solitaire phalène,
Ou quand son doigt pinceau si pur

Attrapait sur la marjolaine
Le papillon couleur d'azur.
    Chasse le, etc.

Mire, ô candide pucelette,
Dans les perles, pleurs que les cieux
Ont versés dans la pâquerette,
Mire encore tes grands yeux bleus
Dans les cheveux blancs de ton père,
Glisse encor ta mignonne main
Sur ses genoux, que ta voix claire
Chante encor d'un lai le refrain :
    Chasse le, etc.

Elle chantait quand à la branche
L'hiver pendait ses diamants,
Et que déjà sa robe blanche
Couvrait l'herbe morte des champs,
Quand un soir une voix dolente
Retentit au pont du castel,
Criant : Ame compatissante,
Ouvrez au pauvre ménestrel.
    Chasse le, etc.

On ouvre, il entre, et puis à table
Le baron reçoit l'inconnu ;
Il paraît beau comme le diable,
Son œil lance un éclair aigu,
Il est jeune et blanc de visage,

Son front large est plein de fierté ;
Mais, par un terrible assemblage,
On y lit la fatalité.
    Chasse le, etc.

Ainsi qu'une douce fauvette,
Que fascine l'œil du serpent,
Depuis ce moment la pauvrette
Éprouve un inconnu tourment ;
Elle veut échapper au charme
Des yeux brûlants du ménestrel ;
Elle combat, mais en vain, l'arme
S'enfonce et porte un coup mortel.
    Chasse le, etc.

Inutile est sa résistance,
Elle cède à son enchanteur.
Pour une éternelle souffrance,
Son innocence et son bonheur ;
Mais bientôt cette fleur fanée
Mourut, la légende le dit.
Hélas ! elle s'était donnée
Au sire Raoul le Maudit.
    Chasse le, etc.

F. GOZOLA.

SI LES FLEURS PARLAIENT!

MÉLODIE

Chantée par M. V. DIDIER aux soirées lyriques
du palais Bonne-Nouvelle.

Paroles de M. V. JACQUART, musique de M. J. COUPLET.

Sur ce chemin, pauvre belle égarée,
Qui t'a jetée ou t'oublia, dis-moi?
Petite fleur, faite pour être aimée,
Qui t'a cueillie et ne veut plus de toi?
De ton destin, je cherche en vain les causes,
Rien ne m'éclaire, hélas! rien, et tu meurs!
En vérité l'on saurait bien des choses,
Si le bon Dieu faisait parler les fleurs.
En vérité l'on saurait bien des choses,
Si le bon Dieu (bis.) faisait parler les fleurs.

Vierge des prés, j'aime une blonde fille
Au regard pur comme ton front vermeil;
C'est elle, oh! dis, pâquerette gentille,
Qui ce matin a troublé ton sommeil?
Pour se parer, ses mains blanches et roses,
Tout, n'est-ce pas, enlevée à tes sœurs?
En vérité, etc.

Si c'était elle, ô ma chère petite,
Dans ses cheveux tu brillerais encor,
Et puis à l'heure où le soir on se quitte,
Tu deviendrais mon bien aimé trésor.
Mais ce ruban, sur lequel tu reposes,
Vient d'éveiller mes jalouses terreurs.
En vérité, etc.

Mais voici Berthe, et son joyeux sourire
Me rend la foi prête à m'abandonner;
Petite fleur, garde-toi de lui dire
Ce qu'en tremblant j'ai pu te demander.
Mais, qu'ai-je à craindre ? Ah le ciel eut ses cau-
En vous privant de sons révélateurs..... [ses
En vérité, etc.

La musique chez L. Vieillot, 32, rue Notre-Dame-de-Nazareth.

LE BUVEUR PHILOSOPHE

CHANSON DE TABLE

AIR : *C'est l'amour, l'amour.*

Nargue des soucis et des veilles,
Foin des méchants et des jaloux ;
Sans compter vidons les bouteilles,

Au bruit de leurs jolis glouglous.
    Fuyons la politique,
    Cause de nos chagrins ;
    De la muse bachique,
    Préférons ces refrains,
Chers amis, trinquons, buvons,
      Courage,
    Faisons du tapage ;
Et tous en cœur répétons :
    Buvons, trinquons, buvons.

Savourons ces vins délectables,
Caressons ces charmants minois ;
Ces doux plaisirs sont préférables
A tous ceux que goûtent les rois ;
    Allons filles jolies,
    Fauvettes de salon,
    Imitez nos folies,
    Chantez à l'unisson :
Chers amis, etc.

Mais si l'étiquette nous gêne,
Entre nous, ne nous gênons pas ;
Des femmes n'acceptons la chaîne
Que celle que nous fait leurs bras.
    Si Vénus est frivole,
    Bacchus nous est constant ;
    Nous perdons une folle,

Chantons bien plus gaiment :
Chers amis, etc.

Laissons amasser sur nos têtes
Les orages et les autans;
Des buveurs, jamais les tempêtes,
N'ont arrêté les joyeux chants.
    Le grand craint le tonnerre,
    Petits, que craignons-nous?
    Rions-en, car le verre [1],
    Nous sauve de ses coups.
Chers amis, etc.

Je me souviens qu'un jour ma lyre
Ayant pris un trop haut essor,
Je chantais... Mais que vais-je dire ?
Je me tais... Je crains... Chut encore !
    Ne fêtons que la table,
    Le vin clair et sans eau;
    Donnons le reste au diable,
    S'il veut bien du cadeau.
Chers amis, etc.

F. GOZOLA.

---

[1]. Il est physiquement vrai que le verre chasse le fluide électrique.

MA PERRETTE

PARODIE SUR LES MÊMES RIMES

DES DÉFAUTS DE JEANNETTE

de MM. A. Richomme et L. Abadie.

Tant pis, moi j'vais l'dire à ma mère,
V'la que j'touche à mes vingt-sept ans;
J'suis l'gars l'plus malheureux d'la terre,
J'veux m'marier, v'la bien trop qu'j'attends.
La grand' Perrette, je l'adore,
Bien qu'ell' soit bancal', j'n'y r'gard' pas;
All' louche un brin, tant pis encore,
Je m'suis dit, moi : tu l'épous'ras !
    J'en suis fou vraiment,
    Et je m'dis : comment,
    Si c'te fille a su m'plaire,
    La lâcher d'un cran,
    Ah! mais, non maman! [c'est mon plan!
J'suis coiffé d'ma Perrett', j'veux m' marier,

J'sommes pas d'accord avec ma mère,
Ell' n'comprend pas qu'j'en sois épris;

D'mon père elle est bien l'héritière,
C'était l'plus têtu du pays ;
Ell' m'en nomm' vingt, eh bien aucune
Comme Perrette m'siérait bien.
Son p'tit cœur, c'est toute un' fortune,
Et maman m'dit qu'ell' n'a pas d'bien !
J'en suis, etc.

Ell' veux m'tarabuster, ma mère,
Si j'vous l'dis, c'est la vérité,
Car c'est bien clair comm' la lumière,
Que j'veux pas t'nir à la beauté ;
Pour moi, Perrette est bien gentille,
Je n'suis pourtant pas méchant fils ;
Et puisqu'en mon cœur l'amour brille,
Qu'ell' l' laiss' donc aller, c'est m' n'avis.
J'en suis, etc.

A. HALBERT (d'Angers).

DODOPHE LE NOCEUR

CHANSONNETTE

Air de *Glycère*,

Musique d'EDOUARD DOLVÉ.

J'ai du guignon, foi de Dodophe,
Car mon œil est crevé partout,

Et bien que je sois philosophe,
Là, franchement, je suis à bout.
    Sans sou, ni maille,
    Faire ripaille
    Ne se peut pas.
Puisque crédit est mort, hélas !
    Quel sort atroce !
    Non, plus de noce :
    Adieu, galas,
Adieu, bons vins et gais repas.
    Quel sort atroce, ⎱ *bis.*
    Non, plus de noce : ⎰
    Adieu, galas, etc.

J'ai porté ma dernière loque
Chez ma tante ; aussi maintenant
Sur moi, j'ai toute ma défroque,
Mais le quibus est à néant.
    Sans sou, etc.

Mon grédin de propriétaire
Hier soir m'a donné congé.
Je dois un an, est-ce une affaire ?
Car suivant lui, j'ai tout mangé.
    Sans sou, etc.

Je suis moins heureux que mes bottes,
Qui grands boivent en tous lieux.
Les fonds même de mes culottes

Ont l'œil ! Ah ! j'en suis furieux.
 Sans sou, etc.

Il me restait une gargote
Où l'on m'ébergeait à gogo ;
J'y cours ; on m'apporte ma note,
Mais pour des aliments... zéro !
 Sans sou, etc.

J'ai soif, mon Dieu, comment donc faire ?
Je veux un coin pour sommeiller.
Las ! il me faut du numéraire :
Remettons-nous à travailler.
 Sans sou, etc.

Après les quatre premiers vers du refrain, on met cette variante :

Qui trop s'amuse,
Bien fort s'abuse,
Dans tous les cas,
Long travail produit bon repas.

    A. HALBERT (d'Angers).

ENFANTS, N'Y TOUCHEZ PAS

ROMANCE

Chantée par M. ALEXIS DUPONT.

Paroles de M. HIPPOLYTE GUÉRIN.

Musique de Clapisson.

Du nid charmant caché sous la feuillée,
Cruels petits lutins à la mine éveillée,
  Du nid charmant caché sous la feuillée,
Hélas! pourquoi faire ainsi le tourment?
    Ce nid, ce doux mystère,
    Que vous guettez d'en bas,
    C'est l'espoir du printemps,
    C'est l'amour d'une mère :
    Enfants, n'y touchez pas! (*bis.*)

Qui chantera Dieu, la brise et les roses,
Méchants, si vous tuez ces jeunes voix écloses?
  Qui chantera Dieu, la brise et les roses?
  Autour de vous tout s'en attristera.
    Ce nid, etc.

Dieu seul a droit sur tout ce qui respire :
Ne pouvant rien créer, il ne faut rien détruire ;
Dieu seul a droit sur tout ce qui respire,
Beaux maraudeurs, prenez garde, il vous [voit.
    Ce nid, etc.

Laissons, laissons les bouquets à leur tige,
A l'air qu'il réjouit l'insecte qui voltige ;
Laissons, laissons les bouquets à leur tige,
Aux bois leur ombre et les nids aux buis- [sons.
    Ce nid, etc.

La musique se trouve, à Paris, chez Mme Cendrier, éditeur, 7, Faubourg-Poissonnière.

LE VEILLEUR DE NUIT.

Air du *roi d'Yvetot* (BÉRANGER)

Il existait à Charenton
  Un gardien fort bon homme,
Et nul n'osait dans le canton
  Lui disputer la pomme.
Sur lui chacun la nuit comptait,
Et tout en se couchant disait
    Tout net :

Oh! oh! oh! oh! ah! ah! ah! ah!
Le bon gardien que celui-là !
  La, la.

Toujours fidèle à son devoir
 Lorsqu'il faisait sa ronde,
Il vit sortir de maint boudoir
 Plus d'un nouveau Joconde ;
Par lui surpris, certain amant,
Ne fut point mis en jugement,
  Vraiment.
Oh! oh! oh! etc.

Malgré les tuteurs, les verrous,
 En messier fort commode,
De laisser tromper les jaloux,
 Il avait fait son code ;
A les tromper, sans nul souci,
Il s'appliquait lui-même aussi,
  Merci.
Oh! oh! oh! etc.

De plus d'un petit chérubin,
 Rapporte la chronique,
Il fut le père et le parrain,
 Grâce à son beau physique !
Pour lui, sacristains et bedeaux,
Faisaient sur les fonts baptismaux
  Gros dos !
Oh! oh! oh! etc.

Par système il veillait toujours
   Sans tirer sa flamberge;
L'ordre régnait, libre en son cours,
   A l'église, à l'auberge;
A sa santé, soir et matin,
Les buveurs trinquaient verre en main
   Soudain !
Oh! oh! oh! oh! ah! ah! ah! ah!
Le bon gardien que celui-là !
   La, la.

            PHILIPPE DELGADOT.

LE TABAC.

Air de *maître Adam*.

Aussitôt que la lumière
Vient éclairer mon hamac,
Je commence ma carrière
Par allumer mon tabac;
Je crois que chaque bouffée
Qui s'exhale vers le ciel,
M'enivre de la fumée
De l'encens à l'Éternel.

Les parfums de l'Arabie
Que vante plus d'un savant,
Ont bien moins de poésie
Que le tabac du Levant ;
Son arome est le Pégase
Qui me porte jusqu'aux cieux,
C'est lui qui produit l'extase
Qui me rend l'égal des Dieux.

Par lui joyeux je dissipe
Les soucis du lendemain ;
Sitôt que s'éteint ma pipe,
Je la rallume soudain,
Quand un doux feu m'enlumine,
Je bois en la savourant ;
Si le chagrin me domine,
Je lui tiens tête en fumant.

Si la mort frappe à ma porte
Pour me rendre les honneurs,
Je veux avoir pour escorte
Un cortége de fumeurs ;
En remplissant cette clause
Je puis affronter Caron,
Et dans une apothéose
Débarquer à l'Achéron.

HENRI BENOIST.

L'ANGÉLUS AU VILLAGE

ROMANCE

Musique de Jules Coupist

Air : *Si le bon Dieu faisait parler les fleurs.*

Un soir assis, ensemble sous l'ombrage,
Arthur faisait à Lise ses adieux;
Il lui disait, loin de notre bocage :
Je pars! Alors, en essuyant ses yeux,
Il ajoutait : Si d'un lointain rivage
Auprès de toi je ne revenais plus ? »
Las! il se tait, car au vieil ermitage
La cloche au loin (*bis*) annonçait l'Angélus.

Puis il reprend : « Entends-tu sur la plage
Se prolonger ce pieux tintement?
Des arbres vois frémir le doux feuillage;
Sens-tu mon cœur, comme il bat promptement?
Ces sons plaintifs, près de toi, davantage,
Puisqu'il me faut ne les entendre plus!
Adieu, dit-il. » Et dans son saint langage,
La cloche, etc.

« — Va, ne crains rien », répond sa bien-aimée,
Que notre amour te soit un bouclier.
Tu reviendras lorsque ta renommée
Au nom d'Arthur aura joint un laurier. »
L'amant s'éloigne au lever de l'aurore,
De Lise, hélas, les pleurs sont superflus.
Longtemps après elle pleurait encore
Lorsque la cloche (*bis*), etc.

Pendant six mois des plaines de Crimée,
Lise, d'Arthur put connaître le sort,
Et chaque jour, quand son âme alarmée
Apprend qu'il vit, plus calme elle s'endort ;
Mais ses amis ont revu le village,
Tous ont jeté ces mots : Arthur n'est plus !
De sa raison Lise a perdu l'usage,
Et pleure au soir (*bis*) quand sonne l'Angélus.

ZÉNAÏDE B......
(Mme HALBERT.)

L'OMBRE DE MARGUERITE

BALLADE

Air connu.

Dans la nuit, à l'heure effrayante,
Où l'airain frémit douze fois,

Des spectres, la famille errante,
Sort des tombeaux à cette voix.
Edmond, que les remords agite,
Cherchait le sommeil qui le fuit;
L'ombre pâle de Marguerite
Vient s'asseoir au pied de son lit.

« Regarde, Edmond, c'est moi, dit-elle !
Moi, qui t'aimai, que tu trompas ?
Moi dont la tendresse fidèle
Vit encore après le trépas !
J'en ai cru ta fausse promesse,
Je t'ai fait maître de mon sort;
Hélas ! pour prix de ma tendresse,
Fallait-il me causer la mort ?

« Jadis de la rose naissante
J'avais l'éclat et la fraîcheur;
Pourquoi, sur sa tige brillante,
Ton souffle a-t il séché la fleur ?
Mes yeux brillaient de tant de charmes,
Ingrat, alors que tu m'aimais !
Pourquoi donc les noyer de larmes ?
Pourquoi les fermer à jamais ?

« Hier dans un palais superbe,
Aujourd'hui dans un noir cercueil;
Mon asile est caché sous l'herbe,
Et ma parure est un linceul ;

De quel forfait suis-je victime ?
J'aimai, j'ai cru l'être à mon tour :
Qui me punit d'un pareil crime ?
L'objet même de mon amour.

« De ton inconstance cruelle,
Le jour fut à tous deux fatal ;
Quand ton cœur devint infidèle,
Edmond, il se connaissait mal :
Tu m'abandonnes, je succombe ;
Mais enchaînés par le destin,
Le remords vient d'ouvrir ma tombe ;
Tu dois y descendre demain.

» J'entends le coq, sa voix encore
Pour nous est un signal d'effroi ;
Je ne dois plus revoir l'aurore,
Et c'est la dernière pour toi !
Adieu. Celle qui te fut chère
Te plaint, te pardonne, et t'attend…. »
L'ombre à ces mots perce la terre,
Et disparaît en gémissant.

Edmond, immobile, en silence,
A vu ce prodige effrayant ;
De son lit soudain il s'élance
Défiguré, pâle et tremblant :
Il court, il cherche Marguerite,
Sa voix s'échappe en cris aigus ;

Sur sa tombe il se précipite !
On le relève, il n'était plus.

M. DE JOUY.

LA POLKA AU VILLAGE

Air de la *Valse de Giselle*.

REFRAIN.

Venez danser, gentilles bayadères,
Pour vous la vie offre encor d'heureux jours ;
Venez danser au sein de nos bruyères,
Les champs fleuris ont aussi leurs amours.
   Petite folle,
   Esprit frivole,
   Toi qui t'envole
   Vers nos moissons ;
   Viens sur l'herbette,
   Notre musette,
   Vaut bien la fête
   De tes salons.
Venez danser, etc.

   Fille légère,
   Douce et sincère,

Sur qui la terre
Doit se fermer;
Fuis l'apanage,
D'un riche ombrage;
Viens, au village
On peut aimer.
Venez danser, etc.

Lorsque la danse,
Soudain commence,
Ton corps balance
Comme un roseau;
Jeune sylphide,
A l'air timide,
Ton pas rapide
Défie l'oiseau.
Venez danser, etc.

Petite reine,
Qui nous enchaîne,
Ta grâce entraîne
Tous les attraits;
Pour toi si bonne,
Faisons un trône,
Que ta couronne
Soit de bluets.
Venez danser, etc.

Gens du village,

Que son image,
Reste pour gage
De ses douceurs !
Polka, ta danse,
Que l'on encense,
N'aura je pense
Eut tant de fleurs.

Venez danser, etc.

EUGÈNE LEBEAU.

AU CLAIR DE LUNE

NOCTURNE

Air du *Paysan*.

de MM. GOURDON DE GENOUILLAC et P. HENRION.

Chanté par M. JUNCA du Théâtre lyrique.

Du soleil en vain l'on me vante
Les rayons chauds et bienfaisants ;
Moi, le seul astre qui m'enchante,
C'est la lune aux reflets brillants.
Elle guide dans les nuits sombres
Les pas du pauvre voyageur ;
Dissipant devant lui les ombres,

Ainsi qu'un phare protecteur !
   Viens, Marie, au clair de lune,
Respirer l'air calme du soir.
Allons aux champs, voici la brune,
Loin de la ville, ô viens t'asseoir !
      T'aimer, te le dire,
Oui, pour moi, c'est un doux devoir,
      Et j'aspire
Au seul bonheur de te revoir.

Le soleil refuse à la terre
Ses dons, quand vient la fin du jour ;
De sa fécondante lumière,
Il nous retire le secours.
Le crépuscule se déroule,
Recouvrant tout d'un noir linceul ?
Si lentement la nuit s'écoule,
La lune en efface le deuil !
   Viens, Marie, etc.

Nous qui recherchons le silence,
Pour goûter d'amoureux ébats,
Ah ! dis-moi, quand la nuit s'avance,
Ton cœur ne palpite-t-il pas ?
De Phébé, la lumière pure,
Prête un nouveau charme à nos feux ;
Bienfaitrice de la nature,
La lune est propice à nos vœux !
   Viens, Marie, etc.

En fêtant le jus de la treille,
Que le soleil a fait mûrir,
Le buveur, près de sa bouteille,
Voit son âme s'épanouir ?
Sans soucis, il tombe ou chancelle,
Sous les influences du vin ;
Mais protectrice universelle,
La lune éclaire son chemin !
 Viens, Marie, etc.

Sous les verrous de la Bastille,
Quand Latude fut enfermé,
En fixant ses yeux à la grille,
Dont son cachot était armé,
Sa solitude lui révèle
De la captivité les maux ;
La nuit il se tresse une échelle,
La lune éclairait ses travaux !
 Viens, Marie, etc.

Est-il rien de plus poétique,
Et de plus propre à nous émouvoir,
Que le front d'un temple gothique,
Reflétant les rayons du soir ;
Sur les tombes du cimetière,
Brille cet astre tout divin,
Afin d'éclairer la prière
De la veuve ou de l'orphelin.
 Viens, Marie, etc.

HALBERT (d'Angers).

EMMA

BALLADE

Musique de A. MARQUERIE.

Emma, récemment fiancée
A Lodoïx de Rosamant,
N'avait de vœux et de pensée,
Que pour son jeune et tendre amant.
Chaque fois qu'une jouvencelle,
A côté d'un époux fidèle,
S'asseyait au banquet d'amour,
Elle disait avec envie :
« Hymen aussi doit embellir ma vie;
 « Oui, bientôt, viendra mon tour. »

Hervinde, sa belle parente,
Un jour, au village voisin,
Après six semaines d'attente,
A noble preux donnait sa main.
Emma se rendait à la fête,
Quand de loin elle vit le faîte
Du haut castel de Saint-Amour ?
« C'est là, soupira-t-elle encore,

« Qu'Hervinde entend nuptiale mandore,
   « Mais bientôt viendra mon tour. »

Déjà, vers la salle embaumée,
Ou pour le solennel repas,
La table de lis est semée,
L'amante dirige ses pas;
Au front de la jeune comtesse,
Elle voit se peindre l'ivresse :
« Que jour d'hymen est un beau jour !
« Murmurait-elle au blond Vidame ;
« De voir aussi briller sa douce flamme
   « Bientôt ce sera mon tour. »

Et puis au manoir de sa mère
Emma retournait tristement,
Regardant le toit solitaire,
Où respirait son cher amant;
Mais, tout à coup, le beffroi sonne !
Elle écoute..... et ne voit personne.
Las ! un glas tintait dans la tour ?
— « Si c'était jeune fiancée,
« Ne pourrait plus dire dans sa pensée,
   « Demain, ce sera mon tour. »

Elle approche du cimetière;
Un vieux fossoyeur y toisait
L'étroit espace d'une bière,
Et puis, en sifflant, il creusait.

« — Pour qui s'apprête cette tombe ? —
« — Pas pour vous, gentille colombe. —
« Répondez-moi donc sans détour ? —
« — Pour Lodoïx. — Cruel mystère !...
« Creusez, creusez deux fosses dans la terre,
« Car demain viendra mon tour. »

ZÉNAÏDE B.

L'ORIGINE DES COULEURS

AIR : *A genoux devant le soleil.*

ou du *Tableau en litige.*

On dit que le dieu de Cythère,
En distribuant ses faveurs,
Jugea qu'il était nécessaire
De nous envoyer deux couleurs :
Le blanc pour voiler l'innocence,
Fillette le porte toujours ;
Le bleu pour peindre la constance
Et reconnaître les amours.

Ces couleurs étaient suffisantes ;
Chacun respectait son serment :
On avait des femmes constantes,

Un époux était un amant.
Pourtant l'Amour dans le silence,
Afin de combler tous les vœux,
Fit la *couleur de l'espérance*
Pour revêtir les malheureux.

Mais bientôt la coquetterie
S'empara du cœur des mamans;
On voulait paraître jolie,
Hélas! malgré le poids des ans.
L'Amour, qui rarement échoue
Dans ses projets entreprenants,
Leur mit du *rouge* à chaque joue
Pour cacher les rides du temps.

Un jour qu'il était en voyage,
L'Amour voit dormir un époux;
A la femme à gentil corsage
L'espiègle donne un billet doux.
Elle accepte, même elle approuve
Les feux de ce petit fripon :
Enfin l'époux s'éveille et trouve
Un *bandeau jaune* sur son front.

Petit à petit dans le monde
L'inconstance fit des progrès;
On trompa la brune et la blonde
A chaque instant, avec succès.
Le pauvre Amour, dans la tristesse,

Ne connaissant plus de désir,
Composa *le noir*, et sans cesse
Il porta le deuil du plaisir.

BELLE.

UNE MAISON TRANQUILLE

CHANSON

Paroles et musique de CHARLES COLMANS.

Ah! hé! les p'tits agneaux,
　Qu'est-c' qui cass' les verres ?
Les poêlons, les fourneaux,
　Les plats, les soupières ?
Qu'est-c' qui casse les pots ? les p'tits, les gros,
　Les brocs, les verres ?
Qu'est-c' qui casse les verres ? Qu'est c'-qui
　　　　　　　　　　　　　　[casse les pots ?

　Je perche au poulailler
　Dans une citadelle;
　C'est du comble au premier
　Une immense querelle;
　Loin de m'effrayer,
Quand j'entends ce remue-ménage,

Etant le plus sage,
Je leur crie à m'égosiller :
Ah ! hé ! etc.

Au cabaret du coin,
Des buveurs intrépides,
En se montrant le poing,
Cassent les pichets vides.
Hardi, mes lapins,
Faites du bruit, cassez les vitres,
Décollez les litres,
Mais respectez ceux qui sont pleins
Ah ! hé ! etc.

Lasse de son réchaud,
Le cordon-bleu Palmyre,
Dans l'espoir du gros lot,
Casse sa tirelire.
Malgré ses joyaux,
Constance, voyant que sa glace
Lui fait la grimace,
En a fait dix mille morceaux.
Ah ! hé ! etc.

Leurs vases à la main,
Deux dames, mes voisines,
Se cognent en chemin
En allant aux... cuisines.
Tels deux avisos

Qu'un triste abordage submerge,
　　Au nez du concierge
Le choc a brisé leurs vaisseaux.
　　Ah! hé! etc.

　　Moi, quand j'ai le nez dur,
　　Je regagne mon gite ;
　　En rentrant je suis sûr
　　D'entendre Marguerite.
　　　Va, tu peux crier,
Jeter au vent torchons, serviettes,
- Mais quant aux assiettes,
Halte-là! ça vaut un d'mi-s'tier.
　　Ah! hé! etc.

　　Enfin nous fournissons
　　A la hotte, à la pelle,
　　Des morceaux de tessons,
　　Des débris de vaisselle.
　　　Dieu! quel bacchanal!
C'est au point que le commissaire,
　　Un jour de colère,
A mis sur son procès-verbal :
　　Ah! hé! etc.

LA PAILLE

Sur tout on a fait des chansons :
On a chanté le vin, les belles,
L'eau, le feu, les fleurs, les moissons,
Les brebis et les tourterelles.
Un auteur dont je suis bien loin
Fit des vers sur l'huître à l'écaille ;
Un autre en a fait sur le foin :
Je vais m'étendre sur la paille.

La paille couvre l'humble toit
Du laboureur, modeste asile ;
Un lit de paille aussi reçoit
Son corps fatigué mais tranquille.
Le riche, au sein de son palais,
Sur le duvet s'ennuie et bâille.
Peines, tourments sont sous le dais,
Quand le bonheur est sur la paille.

La paille tressée en réseaux,
Du soleil garantit nos belles ;
Grâce à ces immenses chapeaux.
Elles n'ont plus besoin d'ombrelles ;

Mais ils voilent trop leurs appas,
Et Zéphyr leur livre bataille.
Il a raison : on ne doit pas
Cacher les roses sous la paille.

Jadis, respectant ses serments,
L'amant, fidèle à sa maîtresse,
Pour elle encore, après trente ans,
Brûlait d'une égale tendresse.
Hélas ! on n'aime plus qu'un jour !
De la constance l'on se raille ;
Et maintenant les feux d'amour
Ne sont plus que des feux de paille.

Mais je n'aurais jamais fini
Si, dans l'ardeur qui me travaille,
J'entreprenais de dire ici
Tout ce qui se fait sur la paille.
Ami lecteur, je meurs d'effroi
Que ta rigueur ne me chamaille ;
Sois indulgent, car avec toi
Je ne veux pas rompre la paille.

SERVIÈRES

VOYAGE D'UN BUVEUR

Air : *Suzon sortait de son village.*

En un quart d'heure, avec mon guide,
Que j'ai parcouru de climats !
Par une descente rapide
D'abord, j'arrive aux Pays-Bas.
  Là, je m'avance,
  En diligence,
  Vers Mâcon, Nuits,
 Volnay, Beaune, Chablis ;
  Puis j'en débouche,
  Et, crac ! je touche
  A Frontignan,
 Bordeaux, Perpignan.
Bientôt je me trouve en Espagne,
Entre Alicante et Malaga ;
Je double Madère, et de là
Je remonte en Champagne (*ter*).

DÉSAUGIERS.

LES FILLES DE MARBRE

RONDE DES PIÈCES D'OR

Chantée par M. ALLIÉ, au théâtre du Vaudeville.

Paroles de MM. TH. BARRIÈRE et L. THIBOUST,

Musique de M. E. MONTAUBRY,
chef d'orchestre du théâtre du Vaudeville.

Aimes-tu, Marco la belle,
Dans les salons tout en fleurs,
La joyeuse ritournelle
Qui fait bondir les danseurs ?
Aimes-tu, dans la nuit sombre,
Le murmure frémissant,
Des peupliers qui, dans l'ombre,
Chuchotent avec le vent ?
Les peupliers qui, dans l'ombre,
Chuchottent avec le vent ?
  — Non, non, non, non.
  — Marco, qu'aimes-tu donc ?
— Ni le chant de la fauvette,
Ni le murmure de l'eau ?

Ni le cri de l'alouette,
Ni la voix de Roméo?
(Bruit de pièces d'or).
— Non, voilà ce qu'aime Marco.
— Oui, voilà ce qu'aime Marco.
— Oh!

Aimes-tu les chants de joie,
De l'orgie ardent signal,
Lorsque la raison se noie
Dans les coupes de cristal?
Aimes-tu les orgues saintes
Jetant leurs divins accents,
Qui ressemblent à des plaintes, } bis.
Et montent avec l'encens?
— Non, non, non, non.
— Marco, qu'as-tu donc?
— Ni le chant, etc.

Aimes-tu, quand tu t'égares
Dans les profondeurs des bois,
Les éclatantes fanfares
Suivant le cerf aux abois?
Aimes-tu (quand la nuit gagne),
La grande voix du clocher,
Aux troupeaux dans la campagne, } bis.
Disant de se dépêcher?
Non, non, non, non.

— Marco, qu'aimes-tu donc?
Ni le chant, etc.

La Musique chez M. Harand, rue de l'Ancienne Comédie.

LES BIENFAITS DE L'AMITIÉ

ROMANCE

Air connu.

O vous que le besoin d'aimer
 Charme et trouve sans cesse,
Cœur trop prompt à vous alarmer
 Pour un mot qui vous blesse,
Que sont, pour nous dédommager,
 Tous les biens de la vie,
Si l'on n'a pour les partager
 Une fidèle amie !

Au sein même du plus beau jour,
 Il peut naître un nuage,
Une caresse de l'amour
 Doit conjurer l'orage.
Au milieu du bruit dont parfois
 Il étourdit la vie,

Qu'il est doux d'entendre la voix
    D'une fidèle amie.

Dans ces voyages hasardeux
    Que l'on fait dans ce monde,
On va mal quand on n'est pas deux.
    Il faut qu'on nous seconde,
Et pour abréger le chemin
    Que nous trace la vie,
Qu'il est doux de serrer la main
    D'une fidèle amie !

Par les excès, par les travers
    De la foule importune,
Si nous éprouvons les revers
    De l'aveugle fortune,
L'homme riche, réduit à rien,
    Chérit encor la vie
Lorsqu'il retrouve le vrai bien
    De sa fidèle amie.

Par le tourbillon des plaisirs,
    Par la fougue de l'âge,
L'homme entraîné par ses désirs
    Néglige son ménage.
Quand rien ne peut le détourner
    De suivre sa folie,
Il suffit pour le ramener
    D'une fidèle amie.

Sans les bienfaits de l'amitié,
    Pour moi rien n'a de charmes,
Sans elle on ne peut qu'à moitié
    Repousser les alarmes.
Elle est l'objet de tous mes vœux,
    C'est ma philosophie,
Il me suffit pour être heureux
    D'une constante amie.

    ILLYRINE DE MONTMORENCY,
et DUVERNY les trois derniers couplets.

AH! VOUS DIRAI-JE, MAMAN

Ah! vous dirai-je, maman,
Ce qui cause mon tourment!
Depuis que j'ai vu Sylvandre,
Me regarder d'un air tendre,
Mon cœur dit à tout moment,
Peut-on vivre sans amant?

L'autre jour dans un bosquet,
De fleurs il fit un bouquet,
Il en para ma houlette,
Me disant : « Belle brunette,
Flore est moins belle que toi,
L'amour moins tendre que moi

« Étant faite pour charmer,
Il faut plaire, il faut aimer.
C'est au printemps de son âge
Qu'il est dit que l'on s'engage ;
Si vous tardez plus longtemps,
On regrette ces moments. »

Je rougis, et, par malheur,
Un soupir trahit mon cœur ;
Sylvandre, en amant habile,
Ne jouera pas l'imbécile :
Je veux fuir, il ne veut pas ;
Jugez de mon embarras.

Je fis semblant d'avoir peur,
Je m'échappai par bonheur,
J'eus recours à la retraite.
Mais quelle peine secrète
Se mêle dans mon espoir,
Si je ne puis le revoir !

Bergères de ce hameau,
N'aimez que votre troupeau ;
Un berger, prenez-y garde,
S'il vous aime, vous regarde,
Et s'exprimant tendrement,
Peut vous causer du tourment.

ANONYME.

LA POUSSIÈRE

AIR : *Femme, voulez-vous éprouver.*

Quand par un immuable arrêt
Celui qui commande au tonnerre
Voulut, par un nouveau bienfait,
Classer chaque être sur la terre,
Tout s'anima, tout vit le jour,
Et l'insecte et le dromadaire ;
Pour mieux lui prouver son amour,
L'homme sortit de la poussière.

Vous qui sur votre trône assis
Gouvernez notre faible espèce,
Du sort orgueilleux favoris,
En vain un flatteur vous caresse ;
Le temps s'envole tour à tour
En vous criant d'un ton sévère :
« Poussière avant de voir le jour,
« Tu retourneras en poussière. »

Qui ne rougirait pas de voir
Au pied d'un soudan qu'on renomme,
Esclave du plus vil devoir,

Un homme trembler devant un homme !
Peuples que j'abhorre à jamais,
Vous déshonorez l'hémisphère :
Regardez si jamais Français
Courba son front vers la poussière !

Damis, sur un char éclatant,
Promène sa pédanterie ;
Sans égard, il froisse en passant
Le sage et l'homme de génie.
Il s'applaudit quand son fracas
Produit les effets du tonnerre ;
Et l'imprudent n'aperçoit pas
Son bien qui s'envole en poussière.

Pour moi, je roule mes loisirs
Depuis le lit jusqu'à la table ;
Par de simples, de vrais plaisirs,
Je rends mon destin supportable.
Après avoir parlé beaucoup,
Si parfois mon gosier s'altère,
Au même instant je bois un coup,
Et j'humecte ainsi la poussière.

René Lefebvre.

PAPA BAMBOCHE

Air des *Filles de joie*, de V. Rabineau.

Mes amis, vive la folie !
Moquons-nous du qu'en-dira-t-on,
Et si la gaîté nous rallie,
Croquons notre dernier jeton.
La gaîté, voilà ma devise ;
Foin du censeur et des jaloux !
Versons, trinquons, quoi qu'on en dise ;
Gloire aux flons-flons, gloire aux glou-glous
Car je suis le père Bamboche,
  Sans reproche,
 Et pourtant viveur ;
  J'aime à faire,
  J'aime à taire
Le bien que m'inspire mon cœur.

Si je rencontre sur ma route
Un camarade malheureux,
Avec lui je casse une croûte,
Et nous buvons un coup tous deux.
Mon tour viendra demain peut-être,
Lui dis-je afin de l'enhardir ;

Partage mon petit bien-être
Et rêve un meilleur avenir.
Car, etc.

Mon nez prend la couleur des roses
Et cause ma félicité;
Le vin fait fleurir toutes choses,
Et jeunesse et caducité.
J'en suis une preuve vivante :
Je vis sans soucis et joyeux ;
Des vains tracas j'ai l'âme exempte;
Allons, buvons à qui mieux mieux !
Car je suis, etc.

Ma voisine trop confiante
Hier fut dupe d'un vaurien;
En l'entendant qui se lamente,
Je me dis : *Presto*, mon ancien !
Puisque chaque jour tu te grises,
Peux-tu condamner une erreur?
Tout le monde fait des sottises ;
Va l'assister dans son malheur.
Car je suis, etc.

Ce matin le père à Javotte
Qui boit, dit-on, comme un sonneur,
Dormait étendu dans la crotte,
Calme comme en un lit d'honneur.
Il chercha l'oubli de la veille

Dans le fond d'un verre de vin.
J'approche et doucement l'éveille :
Alors nous trinquons, car enfin
Moi je suis, etc.

Maître Adam voulait qu'on l'enterre
Dans la cave, près de son vin ;
Panard disait : Tenant mon verre,
Je voudrais finir mon destin.
Gouffé, Dauphin, Debraux, naguère,
Prirent tous le même refrain.
Versant Aï, Bordeaux, Madère,
Avec eux j'attendrai ma fin.
Car je suis, etc.

JOSEPH HEPPLY.

LA FAVORITE

DUO

Chanté par M. DUPREZ et Madame STOLZ,
Au théâtre de l'Opéra.

Paroles de MM. Alphonse ROYER et Gustave VAEZ.

Musique de M. G. DONIZETTI.

Viens ! viens ! je cède éperdu
    Au transport qui m'enivre.   (bis.)

Mon amour, mon amour t'est rendu,
   Pour t'aimer, je veux vivre,
   Pour t'aimer! pour t'aimer!
Ah! viens, j'écoute en mon cœur
Une voix, une voix qui me crie :
Ah! dans une autre patrie,
   Va cacher ton bonheur,
   Ah! va cacher ton bonheur!

— O transport! c'est mon rêve perdu
   Qui rayonne et m'enivre.   (*bis.*)
Son amour, son amour m'est rendu,
   Mon Dieu, laissez-moi vivre,
   O mon Dieu! ô mon Dieu!
J'abandonne mon cœur
A la voix, à la voix qui me crie :
Ah! va dans une autre patrie,
   Va cacher ton bonheur!   (*bis.*)

Ce duo est extrait de l'opéra *la Favorite*, en vente chez M. Tresse, éditeur, 2 et 3, galerie de Chartres, Palais-Royal. Prix : 1 fr.

LE PÊCHEUR DE MARÉE

BALLADE

Piétro le mareyeur,
Un soir éloigné de la plage,

Luttait avec courage
Contre les vagues en fureur.
　　Sur sa barque en tempête
　　Le pétrel vole bas ;
　　Elle touche, s'arrête,
　　Et se brise en éclats.
　　Puis les échos de la rive,
　　Interprètes du malheur,
　　Frappaient de leurs voix plaintives
Berthe, l'épouse du pêcheur.

　　En ce fatal instant,
Au loin, de la cloche qui pleure
　　La voix annonçait l'heure
Qui dit : Priez pour le mourant !
　　Berthe fait sa prière,
　　Retenant ses sanglots ;
　　Piétro, près de la terre,
　　Reparaît sur les flots.
　　Et les échos, etc.

　　Sainte Vierge, merci !
Sauvé ! sauvé ! s'écriait-elle...
　　Mais la Parque cruelle
Alors n'en jugeait pas ainsi.
　　De même le navire
　　A l'ancre suspendu
　　Sombre, lorsqu'on croit dire :
　　Ciel ! tout n'est pas perdu !
　　Et les échos, etc.

Abordant le rocher,
Qui de ses maux semble le terme,
Piétro, d'une main ferme,
Aux algues veut se rattacher.
La pierre qui le porte
Cède sous son effort.
Le bruit des flots emporte
Au loin un cri de mort.
Depuis, de Berthe la folle,
Chaque jour à l'Angélus,
Aux cieux la plainte s'envole.
Mais c'est en vain... Piétro n'est plus.

A. HALBERT (d'Angers).

PLUS ON EST DE FOUS, PLUS ON RIT

Air connu.

Des frelons bravant la piqûre,
Que j'aime à voir dans ce séjour
Le joyeux troupeau d'Epicure
Se recruter de jour en jour !
Francs buveurs, que Bacchus attire
Dans ces retraites qu'il chérit,
Venez avec nous boire et rire.
Plus on est de fous, plus on rit.

Ma règle est plus douce et plus prompte
Que le calcul de nos savants ;
C'est le verre en main que je compte
Mes vrais amis, les bons vivants !
Plus je bois, plus leur nombre augmente,
Et quand ma coupe se tarit,
Au lieu de quinze j'en vois trente.
Plus on est de fous, plus on rit.

Si j'avais une salle pleine
Des vins choisis que nous sablons,
Et grande au moins comme la plaine
De Saint-Denis ou des Sablons[1],
Mon pinceau, trempé dans la lie,
Sur tous les murs aurait écrit :
« Entrez, entrez, enfants de la Folie,
« Plus on est de fous, plus on rit. »

Entrez, soutiens de la sagesse,
Apôtres de l'humanité ;
Entrez, amis de la paresse,
Entrez, amants de la beauté ;
Entrez, fillettes dégourdies,
Vieilles qui visez à l'esprit ;
Entrez, auteurs de tragédies :
Plus on est de fous, plus on rit.

1. Banlieue de Paris.

Puisque notre vie a des bornes,
Aux enefrs un jour nous irons ;
Et malgré le diable et ses cornes
Aux enfers un jour nous rirons...
L'heureux espoir ! que vous en semble ?
Or, voici ce qui le nourrit ;
Nous serons là-bas tous ensemble.
Plus on est de fous, plus on rit.

Armand Gouffé.

LE POITRINAIRE

Air : *Si les fleurs parlaient.*

De ce grabat, où je souffre en silence,
Pourquoi, docteur, vous éloigner ce soir ?
La mort fait-elle incliner la balance,
Quand votre voix me conseillait l'espoir ?
Le fossoyeur soulève-t-il la pierre
Qui doit sur moi retomber pour toujours ?
Vous vous taisez... Adieu donc à la terre ;
Mais je gémis de perdre mes amours.

C'en est donc fait... je vais quitter la vie !
Mourir si jeune, ah ! c'est deux fois mourir.

Quelques instants, et ce cœur, mon amie,
Sous tes baisers ne pourra tressaillir.
Dieu, je t'implore ! Ah ! malgré ma souffrance,
Soutiens ma force et prolonge mes jours.
Je ne tiens pas à ma frêle existence,
Mais je gémis de perdre mes amours.

Quoi ! le soleil que promet cette aurore,
A qui l'oiseau fait un si doux accueil,
Vers son midi doit m'éclairer encore,
Puis se coucher ce soir sur mon cercueil !
Ciel ! vois ces pleurs inonder ma paupière ;
A mes destins accorde un plus long cours.
Je ne tiens pas à ma triste carrière,
Mais je gémis de perdre mes amours.

La blanche fleur, émail de nos prairies,
Se montre même oracle de mon sort :
Sa tige naît... et ses couleurs flétries
Viennent déjà me présager la mort !
Dieu, prends pitié d'une faible victime !
Mon infortune invoque ton secours,
Je ne tiens pas au souffle qui m'anime,
Mais je gémis de perdre mes amours.

Pour tous la vie est un livre suprême,
Que l'on ne peut parcourir à son choix ;
Car le feuillet se tourne de lui-même :
Le mot *amour* ne s'y lit pas deux fois.

L'on veut fixer le passage où l'on aime ;
mais sous nos doigts il glisse sans retour.
Bientôt je vais résoudre ce problème.
Mais je gémis de perdre mes amours.

Vœux superflus, inutile prière :
Son œil se ferme, et le jeune mourant,
Touchant enfin à son heure dernière,
Avec douleur murmure en expirant ;
« O toi que j'aime, adieu... ma douce amie.
« Un froid mortel me glace pour toujours.
« Ce coup affreux m'ôte plus que la vie :
« Las ! je vous perds, ô mes chères amours ! »

A. HALBERT (d'Angers).

ALIX OU LES CENT LOUIS D'OR

CHANSONNETTE

Musique de P. DUPONT,

ou AIR de *Fleur des champs.*

Hier le seigneur du village
Surprit Alix dans le vallon ;
Séduit par son air doux et sage,

Il lui tint ce propos, dit-on :
Je brûle d'une ardeur sincère,
Et t'aime, Alix, depuis longtemps !
Enfant, Dieu te créa pour plaire,
Réponds à mes doux sentiments ;
Pour moi, ton amour, ô bel ange !
Est un ineffable trésor ;
Accepte le mien en échange,
Et j'y joindrai cent louis d'or.

A cinq ans on verse des larmes ;
A dix, sont les jeux innocents ;
A douze, les tendre alarmes ;
Mais pour aimer, il faut quinze ans.
De tes quinze ans fais bon usage,
Des doux plaisirs c'est la saison ;
Nul ne t'aimera davantage,
J'en fais serment par mon blason.
Pour moi, etc.

Nous goûterons, ma douce amie,
Plaisir par-ci, bonheur par-là ;
Nous mènerons joyeuse vie,
Riant, chantant, et cætera.
D'amour nous chômerons la fête,
Il faut que la joie ait son cours ;
Alix, à m'aimer es-tu prête,
Car je veux t'adorer toujours ?
Pour moi, etc.

Monseigneur, répond la fillette,
Passez, passez votre chemin ;
Mes brebis, mon chien, ma houlette,
De mes jours tracent le destin :
Puis j'aime tant ma vieille mère,
Que son amour seul me suffit ;
Le plus grand des biens sur la terre,
C'est l'honneur sous un pauvre habit !
A mon cœur, j'entends mon bon ange,
Conseiller en sage Mentor,
De rejeter pareil échange,
Oui, gardez vos cent louis d'or.

A. Halbert (d'Angers).

UN JEUNE HOMME SACRIFIÉ

TISSU D'INFORTUNES

Paroles de M. Jaime, musique de M. Ch. Plantade.

C'est difficile
D'être habile,
De savoir
Se faire valoir ;
La jeunesse
A si peu d'adresse, } *bis.*

Que ceux qui sont vieux
Sont heureux. } *bis.*

A peine au sortir du collége,
Voilà que je d'viens amoureux
D'un objet blanc comme la neige,
Aux petits pieds, aux grands yeux bleus.
Je l'adore;
Mais j'ignore
Comment lui peindre mon tourment. (*bis.*)

(Parlé.) J'en suis réduit à la pantomime, au bal; dans les soirées, je cours me placer devant elle; je soupire, je prends une pose sentimentale, enfin, elle me regarde... elle parle à sa voisine... O bonheur ! je me penche et j'entends : « Voilà un jeune homme qui a l'air bien bête. » Il me prend un éblouissement, j'arrive dans l'antichambre, je ne sais plus ce que je fais, je prends un chapeau neuf pour le mien, et je me sauve en disant :

C'est difficile, etc.

Honteux d'une telle défaite,
Voulant surtout me rattraper,
Enfin, je lui monte la tête,
Et je l'invite à galoper.
Je la presse,

Quelle ivresse,
Son cœur est pris, je suis vainqueur. (*bis.*)

(Parlé.) L'orchestre part, je ne me possède plus... je l'entraîne... le premier tour est délirant, et je puis dire que je l'ai complétement enivrée ; mais au second, je glisse, elle tombe, nous roulons sous les pieds des danseurs que nous entraînons, et voilà tout le galop par terre. Je m'excuse en disant que c'est un noyau de cerise, mais ça n'est pas goûté à cause du mois de décembre ; enfin, je fais un déluge de bêtises, au point que je suis prié de ne plus revenir dans la maison.

C'est difficile, etc.

Je languissais dans la souffrance,
Lorsque, par un heureux destin,
Dans un coupé de diligence
Je la vois monter un matin.
Quelle chance !
Je me lance,
Je pars, j'affronte les hasards. (*bis.*)

(Parlé.) La voiture est pleine, c'est égal, je m'établis sur les genoux d'une grosse dame qui crie : « Monsieur, ça ne se fait pas !... » Enfin, le conducteur m'arrache du coupé, me

lance sur l'impériale, où je me trouve seul avec mon amour, une nourrice, deux militaires, un marchand de bœufs et trois chiens de chasse. Au premier relai, je descends pour essayer de voir ma belle; mais voilà qu'un perfide gendarme me demande mon passe-port. En fait de papiers, je n'ai absolument sur moi qu'une livraison de l'*Abum comique*. On m'arrête, je suis ramené à Paris, où j'arrive en disant :
   C'est difficile, etc.

 J'allais renoncer à la vie,
 Quand un ami trop généreux
 Avec sa tante me marie;
 Jugez combien je suis heureux.
   Son visage
   Peint son âge;
 D'argent, pas un écu comptant. (*bis.*)

(Parlé.) Ajoutez à cela deux enfants de son premier mari, trois du second, plus de cheveux du tout, et portée sur la nourriture d'une façon très-désagréable. Mais ça n'est rien, voilà l'horible! Le lendemain de mon hymen, on frappe à ma porte... Jules, autre ami d'enfance, me saute au cou en s'écriant : « Sois heureux, ta belle du bal consent à te donner sa main. » Je pousse un cri! je me sens un roulement affreux dans l'estomac, et je n'ai que la force de lui dire, avec une douleur concentrée : Mon cher ami, je suis un jeune homme sacrifié ! ! ! ! !

C'est difficile, etc.

La musique chez M. Mayaud, 7, boul. des Italiens.

LE MÉCHANT

CHANSONNETTE

Air : *J'aime bien les petits enfants.*

Il est un Dieu pour les auteurs,
Qui leur fait mépriser l'envie ;
Il est un Dieu pour les buveurs,
Il est un Dieu pour la folie ;
Il est un Dieu pour les amants,
Il est un Dieu pour la jeunesse ;
Il en est un pour la vieillesse,
Il n'en est pas pour les méchants.   (*bis.*)

On pardonne à l'homme indigent
Un peu d'humeur et d'injustice ;

On pardonne à l'homme ignorant
Un propos tenu sans malice ;
On pardonne à l'homme imprudent,
On pardonne au juge sévère ;
On pardonne à l'homme en colère,
Mais jamais à l'homme méchant.   (*bis.*)

On aime jusques aux défauts
D'un fils à qui l'on donna l'être ;
On aime, en souffrant mille maux,
L'infidèle qui les fit naître ;
On aime un ingrat repentant,
On aime un père inexorable ;
Au supplice on plaint un coupable,
Mais on hait toujours le méchant.   (*bis.*)

O vous qui cherchant le bonheur,
Souvent le trouvez dans les larmes,
Le sage le trouve en son cœur,
Le guerrier par le prix des armes ;
L'amant le doit au sentiment,
La jeune fille à sa parure ;
Il est partout pour l'âme pure,
Et nulle part pour le méchant   (*bis.*)

L'homme qui fait toujours le bien
N'a point de reproche à se faire ;
Il trouve par là le moyen
D'être toujours heureux sur terre :

Dans son cœur, à chaque moment,
Il peut descendre sans murmure;
Mais tôt ou tard dans la nature
Tout s'unit contre le méchant. (*bis.*)

AUBERT.

LE VIN, L'AMOUR ET LA FOLIE

CHANSON DE TABLE

Air : *Aux montagnes de la Savoie*

(Fanchon la vielleuse)

On peut, sans être sous la treille,
Chanter quelque refrain joyeux;
Entre ma belle et ma bouteille,
Je bois, j'aime et je suis heureux :
Car rien ne vaut dans cette vie
Le vin, l'amour... l'amour, le vin et la folie !

Combien de gens ont soif de gloire,
Sans pouvoir calmer leur ardeur !
Pour moi, quand j'ai soif, je sais boire,
Et je bois toujours du meilleur :
Car rien, etc.

D'autres n'aiment que la richesse
Et jeûnent pour garder leur or ;
Moi, je n'aime que ma maîtresse,
Et je bois pour l'aimer plus fort :
Car rien, etc.

A Bacchus, à Vénus un sage
N'a jamais su faire sa cour ;
Je suis soumis, j'ai l'avantage
De boire et d'aimer tour à tour :
Car rien, etc.

Suivez l'exemple de votre hôte,
Il boit, il aime, il est content ;
Ce serait, parbleu ! votre faute,
Si vous n'en faisiez pas autant :
Car rien, etc.

Martin Crécy.

LE PETIT PAUVRE

ROMANCE

Musique de feu C. Bellet.

REFRAIN

Ayez pitié de ma misère,
Je meurs de fatigue et de faim.

Mais, hélas ! si je tends la main,
C'est moins pour moi que pour ma mère.

Nous étions riches, cependant,
Je vois encor la métairie
Où les premiers jours de ma vie
Coulèrent si joyeusement ;
Mais un soir la grêle et l'orage,
Dans leur fureur ont tout détruit !
Pauvre enfant, ne perds pas courage,
C'est Dieu qui le voulut, et ton cœur le bénit.
Ayez pitié, etc.

Atteint par l'horrible besoin,
Mon vieux père a cessé de vivre.
Ah ! j'aurais bien voulu le suivre,
Mais qui de ma mère eût pris soin ?...
C'est pour la nourrir que je chante :
Vous trouvez mes chants ennuyeux ;
Si mon âme était plus contente,
Je sens, mes bons Messieurs, que je chanterais
Ayez pitié, etc. [mieux.

Aux oiseaux, comme à leurs petits,
Le Ciel accorde la pâture ;
Chaque matin je le conjure
D'aider une mère et son fils.
Sans doute il plaça dans vos âmes
Le désir d'être bienfaisant :

La charité, Messieurs, Mesdames,
Ce qu'on donne au malheur, le bon Dieu nous
Ayez pitié, etc. [le rend.

ZÉNAIDE B.....

L'AIGLE ET LE LIMAÇON

FABLIAU

AIR : *Cogne, cogne, sabotier.*

Au sommet d'un roc escarpé
   Un aigle mit son aire ;
Un limaçon de l'herbe échappé
   D'en bas le considère ;
     Puis à l'instant
     Clopin, clopant,
  Gravit la cime altière ;
     Quittant les lieux
     Dont ses aïeux
Ont grossi la poussière.

REFRAIN

Ne quitte pas, limaçon,
   Ta coquille,
   Ta famille,
Garde, crois-moi, limaçon,
   Ta place au vallon.

Un matin, l'aigle dans son lit,
    Trouva le pauvre hère
Tout seul, insolemment blotti,
    Grande fut sa colère;
      Vil embryon,
      Ton action,
Dit-il, est téméraire,
      Grimpant pour toi,
      Qui t'a, dis-moi,
Déposé sous ma serre.
Ne quitte, etc.

L'insecte demeurant tapi
    Dans le logis du maître,
Lui dit : Vers ton royal abri
    Si tu me vois paraître,
      Venu d'en bas,
      Sans pieds, ni bras,
Comme Dieu me fit naître,
      C'est en rampant,
      Roi de céant,
Que j'ai pu te connaître.
Ne quitte, etc.

Eh bien, reste donc dans ces lieux,
    Petite bête immonde,
Dit l'aigle. A l'instant dans les cieux
    La foudre éclaire et gronde.
      Voyant cela,

L'oiseau vola,
En perçant le nuage.
L'insecte, hélas !
Ne bougea pas,
Sur lui frappa l'orage.

L'intrigue souvent, dit-on,
D'un macaire,
D'un faux frère,
L'élève, sans droit, sans nom,
Faisant le limaçon.

A. HALBERT.

PARIS A CINQ HEURES DU MATIN

RONDEAU.

L'ombre s'évapore,
Et déjà l'aurore
De ses rayons dore
Les toits d'alentour ;
Les lampes pâlissent,
Les maisons blanchissent,

Les marchés s'emplissent.
On a vu le jour.

De la Villette,
Dans sa charrette,
Suzon brouette
Ses fleurs sur le quai ;
Et de Vincennes
Gros-Pierre amène
Ses fruits que traîne
Un âne efflanqué.

Déjà l'épicière,
Déjà la fruitière,
Déjà l'écaillère,
Saute à bas du lit.
L'ouvrier travaille,
L'écrivain rimaille,
Le fainéant bâille,
Et le savant lit.

J'entends Javotte,
Portant sa hotte,
Crier carotte,
Panais et chou-fleur ;
Perçant et grêle,
Son cri se mêle
A la voix frêle
Du gai ramoneur.

L'huissier carillonne,
Attend, jure et sonne,
Résonne, et la bonne,
Qui l'entend trop bien,
Maudissant le traître,
Du lit de son maître
Prompte à disparaître,
Regagne le sien.

 Gentille, accorte,
 Devant ma porte,
 Perrette apporte
Son lait encore chaud ;
 Et la portière,
 Sous la gouttière,
 Pend la volière
De dame Margot.

Le joueur avide,
La mine livide,
Et la bourse vide,
Rentre en fulminant ;
Et sur son passage,
L'ivrogne plus sage,
Rêvant son breuvage,
Ronfle en fredonnant.

 Tout chez Hortense
 Est en cadence ;

On chante, on danse,
Joue, ET CÆTERA.....
Et sur la pierre
Un pauvre hère,
La nuit entière
Souffrit et pleura !

Le malade sonne,
Afin qu'on lui donne
La drogue qu'ordonne
Son vieux médecin ;
Tandis que sa belle
Que l'amour appelle,
Au plaisir fidèle,
Feint d'aller au bain.

Quant vers Cythère
Le solitaire
Avec mystère
Dirige ses pas ;
La diligence
Part pour Mayence,
Bordeaux, Florence,
Ou les Pays-Bas.

Adieu donc mon père,
Adieu donc ma mère,
Adieu donc mon frère,
Adieu mes petits !

Les chevaux hennissent,
Les fouets retentissent,
Les vitres frémissent,
Les voilà partis !

Dans chaque rue
Plus parcourue
La foule accrue,
Grossit tout à coup ;
Grands, valetaille,
Vieillards, marmaille,
Bourgeois, canaille,
Abondent partout.

Ah ! quelle cohue !
Ma tête est perdue,
Moulue et fendue ;
Où donc me cacher ?
Jamais mon oreille
N'eut frayeur pareille...
Tout Paris s'éveille,
Allons-nous coucher.

DÉSAUGIERS.

LE VIN ET LA FOLIE

Air de *la Descente aux Enfers*.

REFRAIN.

Buvons, aimons,
Rions, chantons,
La vie
Est la folie;
Soyons heureux,
Toujours joyeux,
Nargue du chagrin,
Vive le vin
Fin.

Fêtons Bacchus
Et Momus,
Jouons avec Vénus
Au jeu que l'on devine;
J'aime un festin
Où le vin
Force un tendre voisin
D'embrasser sa voisine.
Buvons, aimons, etc.

Si quand je bois
J'aperçois
Quelque joli minois,
Au vin je le préfère,
Certain qu'un jour
Sans retour
Il faudra fuir l'amour,
Et reprendre mon verre.
Buvons, aimons, etc.

Maris jaloux,
Pauvres fous,
Pourquoi tous ces verroux?
Un baiser les remplace;
Que craindre tant
D'un amant;
Puisqu' après ce qu'il prend
Il vous reste la place !
Buvons, aimons, etc.

Amants trompés,
Supplantés,
Que vos vœux repoussés
Cherchent une autre belle;
Point de soupirs,
Vains désirs,
Dans de nouveaux plaisirs
Oublions l'infidèle,
Buvons, aimons, etc.

Amusez-vous
Avec nous,
Le plaisir est si doux
Entre gais et bons drilles
Nous chanterons,
Nous boirons,
Et même nous irons
Sauter sous les charmilles.
Buvons, aimons, etc.

Qu'importe un jour
Qu'à mon tour,
Caron au noir séjour
M'emporte dans sa barque,
Si d'un fût plein
De bon vin,
Pour tromper le destin
Je puis griser la Parque.
Buvons, aimons, etc.

Je veux, démon
Franc luron,
Faire c... Pluton
Et manger sa cuisine ;
Oui, je veux faire
En enfer
Endêver Lucifer,
Et damner Proserpine.
Buvons, aimons, etc.

EDOUARD LE BOUVIER.

MA ROYAUTÉ

AIR : *Tout le long, le long de la rivière.*

Assez longtemps les potentats
Ont mal gouverné leurs Etats;
Jugeant son système commode,
Chacun prétendait que son mode
Assurerait, par ses effets,
Le bonheur de tous ses sujets.
Si j'étais roi sur la machine ronde,
Mon peuple serait le plus heureux du monde ;
Oui, serait le plus heureux du monde.

Si le destin m'avait fait roi,
Tous s'inclineraient sous ma loi;
Chacun dirait sur mon passage :
Des monarques c'est le plus sage ;
Pour apaiser soif et chagrin
Il a levé l'impôt du vin.
Si j'étais roi sur la machine ronde,
Mon peuple serait le plus heureux du monde ;
Oui, serait le plus heureux du monde.

Pour affermir ma royauté
Je proclamerais la gaité
Bannissant les vieilles méthodes,
J'instituërais de nouveaux Codes
Où le Vin, les Ris et l'Amour
Seraient festoyés tour à tour.
Si j'étais roi sur la machine ronde,
Mon peuple serait le plus heureux du monde ;
Oui, serait le plus heureux du monde.

Dans mon palais, vaste pressoir,
Tous mes sujets pourraient s'asseoir.
Là, point de sévère étiquette,
Ni de façon, ni de courbette :
Je ne comblerais de faveurs
Que les plus aimables buveurs.
Si j'étais roi sur la machine ronde,
Mon peuple serait le plus heureux du monde ;
Oui, serait le plus heureux du mon.

Des plaisirs frayant le chemin,
Je régnerais le thyrse en main ;
Peu de mots seraient ma devise :
Amour, bon vin, gaité, franchise !
Et, le front ceint de pampres verts,
J'éblouïrais tout l'univers !
Si j'étais roi sur la machine ronde,
Mon peuple serait le plus heureux du monde ;
Oui, serait le plus heureux du monde.

    Jamais aucune faction
    Ne troublerait ma nation.
    Lui faisant un destin prospère,
    Du peuple je serais le père ;
    Et nul ne briguerait, ma foi,
    L'honneur de remplacer son roi...
  Si j'étais roi sur la machine ronde,
Mon peuple serait le plus heureux du monde ;
  Oui, serait le plus heureux du monde.

    Sans attendre que je sois roi,
    Riez et buvez comme moi.
    Or, chassez la mélancolie,
    Aux gais accents de la Folie :
    Les sons de ses bruyants grelots
    Etoufferont vos lourds sanglots...
  Si j'étais roi sur la machine ronde,
Mon peuple serait le plus heureux du monde ;
  Oui, serait le plus heureux du monde.

RENÉ PONSARD.

L'HOMME DU SIÈCLE

ET

LA GRANDE ARMÉE

Air de *Victorine.*

REFRAIN :

Le voici donc au temple de Mémoire,
L'homme du siècle, le héros des guerriers ;
Pour son génie, autant que pour sa gloire,
   Offrons-lui des lauriers   (*ter.*)

Après Toulon, sa première victoire,
Nous l'avons vu sur les marches S*t*-Roch ;
Suivant les pas de Mars et de la Gloire,
Il fut toujours aussi ferme qu'un roc.
   Le voici donc, etc.

En Italie, il brava la discorde,
Puis il entra dans ce pays des arts ;
Et chaque brave attentif à son ordre
Voulait partout suivre ses étendards.
   Le voici donc, etc.

Au pont d'Arcole, malgré les fusillades,
Il dit aux braves : Vous, glorieux Français,
Venez soldats, passons, mes camarades,
Notre drapeau nous répond du succès.
    Le voici donc, etc.

Mais en Égypte, la révolte du Caire
A bien failli de les faire tous périr ;
Il ranima chaque vieux militaire,
En leur disant : Il faut vaincre ou mourir !
    Le voici donc, etc.

En revenant vainqueur dans vingt batailles,
Il institua la Légion d'Honneur !
Chaque soldat voyant ses funérailles,
Sous son ruban sent'palpiter son cœur.
    Le voici donc, etc.

A Waterloo, c'est là que fut sa perte,
Un monstre infâme, hélas ! l'avait trahi ;
Il a péri dans une île déserte,
Puisqu'il n'est plus, Français, prions pour
    Le voici donc, etc.   [lui !

J. SÉNÉCHAL.

LUCIE DE LAMMERMOOR

ROMANCE

Chantée par M. Duprez, au théâtre de l'Opéra,

Paroles de MM. Alphonse Royer et Gustave Vaez,

Musique de M. G. Donizetti.

O bel ange, dont les ailes,
Fuyant nos douleurs mortelles,
Vers les sphères éternelles
Ont emporté (*bis*) mon espoir;
De mes jours fleur parfumée,
Je te suis ma bien-aimée;
Sur nous la terre est fermée,
O viens au ciel me recevoir!
O bel ange, ma Lucie!
Bel ange, ma Lucie!
Viens au ciel me recevoir!

A toi mon cœur s'abandonne,
C'est ton bien, je te le donne;
Un Dieu puissant me pardonne
Et mon amour (*bis*) et mon espoir.

D'une sainté et vive flamme
Je t'adore, aimable femme ;
Le seul trésor de mon âme
Est un regard de ton œil noir,
  O bel ange, etc.

Sans toi, le bonheur sur terre
N'est qu'un mot, qu'une chimère ;
Tout n'est que douleur amère,
Si je ne puis (*bis*) te revoir.
O ma Lucie, mon idole,
A ton amour je m'immole ;
Vers toi mon âme s'envole,
O viens au ciel me recevoir !
  O bel ange, ma Lucie !
    Bel ange, ma Lucie !
  Viens au ciel me recevoir !

N. B. Le premier couplet seul est de MM. A. ROYER et G. VAEZ, et est extrait de l'opéra LUCIE DE LAMMERMOOR, en vente chez M. TRESSE, 2 et 3, galerie de Chartres, Palais-Royal. Prix : 1 fr.

UNE MAISON NETTE

Musique de C. COLMANCE,

OU AIR : *Ohé ! mes p'tits agneaux.*

Ohé ! mes p'tits bijoux,
　Qu'est-c' qui fait tapage ?
Vous faites les cent coups,
　Foi d'portier j'enrage.
　Qu'est-c' qui s'donne des coups ?
　　Oui, tous sont saouls,
　　　　Ou fous,
　　　　　Je gage.
　Qu'est-c' qui fait tapage ?
　Qu'est-c' qui s'donne des coups ?

De la cave au grenier
Un chacun se chamaille ;
L'on n'entend que crier,
Et brailler la marmaille ;
　Coups d'pieds et coups d'poings
Retentissent à chaque étage,
　Et tout l'voisinage
Dit que j'suis un Pip'let d'Bédouins.
　Ohé, etc.

On dit que l'horloger
Qui tient notre boutique
Fut hier engager
La montre d'un' pratique.
　　Fort mal endurant
　L' chaland vient et d'vin' la chose ;
　　　Puis, dit-on, lui pose
Un coup d' poing qui lui coûte un' dent.
　　Ohé, etc.

La dame du premier
Dessous sa crinoline
Met l' pal'tot d' son rentier,
Et file à la sourdine ;
　　Mais le vieux malin
N' dormait qu' d'un œil, et sur la belle
　　Il saute et modèle
Un' paire d' gants, et j' crie en vain.
　　Ohé, etc.

Le tailleur du second
Ne rentre qu'à la brune,
Car il fait maint faux bond
Et maint trou dans la lune ;
　　Quand un créancier
Chez lui monte et cherche chicane,
　　　A grands coups de canne
Il le r' conduit dans l'escalier.
　　Ohé, etc.

Michel vient de rentrer,
Grand dieu qu'il est pompette!
Sa moitié va l' rouler
Sans tambour ni trompette.
 Ah pif, paf, je l' disais,
Voilà l' bacchanal qui commence,
 Tout' la maison danse;
En v'là pour la nuit, j' les connais.
 Ohé, etc.

Oscar, l'étudiant,
Qui loge au quatrième,
A le vin très-bruyant,
Et sa Fanchon de même;
 Devant le buffet
Ils dansent vingt fois par semaine,
 Puis à la douzaine
Entr' eux pleut gros ou p'tit soufflet.
 Ohé, etc.

Su' l' derrière et l' devant,
Aux lieux, à la cave,
Plus d' carreaux, plus d'auvent,
J' crains mêm' qu'on n' dépave;
 Quel peuple enragé,
Heureus'ment que l' propriétaire,
 Hier en colère,
A tout l' monde a donné congé.
 Ohé, etc.

    A. HALBERT (d'Angers).

A JENNY

ROMANCE

Air de *la Bohémienne*. (Gustave Leroy.)

O toi, dont les beaux yeux d'azur
Ont sans cesse enivré mon âme,
Pour toi mon cœur brûle, et sa flamme
Allume un amour tendre et pur.
Viens, comme le divin archange,
Porter un baume à ma douleur ;
Dis-moi, lorsque l'on aime un ange,
Si l'on peut croire au vrai bonheur.

J'aime ton sourire enchanté ;
A travers ta mélancolie
On découvre, ma douce amie,
La candeur et la volupté.
Toi, dont la beauté sans mélange
Forme un modèle de candeur,
Dis-moi, etc.

Jenny, de ta douce amitié
J'ai souvent rêvé le partage ;
Je voudrais posséder un gage

Où ton amour soit de moitié.
Puis, dans notre amoureux échange,
Je dirai, te donnant mon cœur :
Dis-moi, etc.

EUGÈNE LEBEAU.

LE JOLI GARÇON

AIR : *Ah! voilà la vie, la vie suivie.*

REFRAIN.

Ah ! voilà la vie
Bien digne d'envie,
Oui, voilà la vie
D'un joli garçon.

Sans soucis, sans gêne,
Vivre au jour le jour,
Boire à tasse pleine,
Fumer comme un four ;
D'une folle orgie
S'instituer patron
Près d'un minois fripon,
Ah ! voilà, etc.

D'aï, de madère,
Beaune et chambertin,
J'aime emplir mon verre
Du soir au matin ;
L'âme réjouie,
Entonner sans façon
Guillerette chanson,
  Ah ! voilà, etc.

La brune et la blonde
Savent me charmer ;
Le jus d'une bonde
Aide à m'enflammer ;
Je nargue l'envie,
Et chante à l'unisson
Près de Lise ou Suzon :
  Ah ! voilà, etc.

Avec l'espérance
Vivre en fiancé,
Et dans la bombance
Rire du passé ;
Puis en facétie
Tourner docte leçon,
De cœurs faire moisson,
  Ah ! voilà, etc.

Fouler la verdure
Ou bien un bon lit,

Coucher sur la dure,
Manquant de crédit ;
De femme jolie
Si l'on est compagnon,
Tout cela semble bon.
  Ah ! voilà, etc.

Avec la sagesse
Brouillé sans retour,
De vin, de maîtresse
Changer tour à tour,
De la pruderie
Faire changer le ton,
Trouver le plaisir bon,
  Ah ! voilà, etc.

Bravant l'étiquette,
Des viveurs le roi,
Le bal, la guinguette,
Me plaisent à moi.
La trogne rougie
Par maint et maint flonflon,
Je dis en franc luron :
  Ah ! voilà, etc.

Quand viendra la Parque,
Qu'il faudra partir,
Le sombre monarque
Je compte fléchir ;

Et veux à sa mie
En prenant le menton,
Faire dire à Pluton :
 Ah! voilà, etc.

A. HALBERT.

LES VIVEURS DE PARIS

AIR : *Sacristain, je suis en goguette.*

Chers amis vive la folie,
Moquons-nous du qu'en dira-t-on,
Et si la gaîté nous rallie
Croquons notre dernier jeton !
Oui, gloire au vin dont je raffole,
Bienfait du calice des dieux ;
Vive le doux jus qui console,
Saluons ce présent des cieux !
Vivent, vivent, les rigolades,
 Les gambades
 Et les gais refrains   (*bis.*)
 Sur la terre
 Seul le verre
Suffit pour bannir nos chagrins.

D'amour le vin fleurit la chaîne,
Sous lui germent de douces lois,

Aux plaisirs sa vigueur m'entraîne,
Je suis heureux lorsque je bois ;
Je l'aime autant que mon amie,
J'aime le vin, j'aime l'amour;
Je leur ai consacré ma vie
Et les cultive tour à tour.
Vivent, vivent, etc.

Son nom seul relève les roses
D'amour et de félicité,
Le vin fait fleurir toutes choses,
Et jeunesse et caducité ;
C'est lui qui fait fondre la glace
Dans tous les cœurs devenus vieux.
Par lui mainte ride s'efface,
Amis, buvons à qui mieux mieux.
Vivent, vivent, etc.

Mon seul bonheur est d'être à table
Entouré de joyeux amis,
Car dans la liqueur délectable
Toujours nous noyons nos soucis.
Vidons les brocs, choquons les verres!
En vérité, je vous le dis,
C'est ainsi que faisaient nos pères:
Serions-nous abâtardis?
Vivent, vivent, etc.

Tous, la nouveauté nous enchante,
Contre elle nul ne tient, hélas!

Pourtant tous, nous changeons d'amante
Même eût-elle tous les appas.
C'est un bon mets qu'on nous présente,
Mais qui vient à tous les repas :
Seul, le divin jus que je chante
Pour nos palais ne vieillit pas.
Vivent, vivent, etc,

C'est l'eau qui causa le déluge ;
Que de meurtres en un seul jour !
Comme homicide je la juge
Et la condamne sans retour.
Noé, qui de ce cataclysme
Fut sauvé par le doigt divin,
Pour combattre ce fatalisme
A ses enfants légua le vin.
Vivent, vivent, etc.

A. HALBERT.

LA JARDINIÈRE DE VÉRONE

Paroles de M. Francis TOURTE

Musique de M Louis ABADIE

J'ai sur le marché de Vérone
Les fleurs que le printemps me donne ;

Et pour moi la sainte Madone
Les fait éclore au jour naissant ;
Et toujours noble châtelaine,
Vidant ma corbeille trop pleine,
    Dit en passant :   (bis.)
  Nizza, parmi tes roses,
  Tes grenades écloses,
    Crois-moi, (bis.)
  De ces fleurs d'Italie,
  La fleur la plus jolie, (bis.)
    C'est toi ! (bis.)

Jamais, pour tresser la guirlande
Qu'à la sainte on donne en offrande,
Ma corbeille n'est assez grande ;
Et le pêcheur, le pèlerin,
La jeune fille au fin corsage,
Tous répètent sur mon passage
    Ce doux refrain : (bis.)
  Nizza, parmi tes roses, etc.

Devant mes bouquets qu'on admire,
La reine avec un doux sourire
Un jour s'arrêta pour me dire :
Ces roses, enfant, sont tes sœurs ;
Sois jardinière de la reine !
A toi les fleurs de mon domaine !
    Reine des fleurs ! (bis.)
  Nizza, parmi tes roses,

Tes grenades écloses,
  Crois-moi ! (*bis.*)
De ces fleurs d'Italie,
La fleur la plus jolie, (*bis.*)
  C'est toi ! (*bis.*)

La Musique se trouve à Paris, chez M. F. GAUVIN, éditeur, Palais-Royal, 11 et 12, Péristyle de Chartres.

FANFAN LE JOLI TAMBOUR

Musique nouvelle de l'auteur des paroles.

Lorsque j'ai pris la baguette,
Les vieux m'appelaient moutard ;
L'éducation est faite,
Je suis un tapin flambard.
 Ran tan plan. (*bis.*)
Sur le chemin de la gloire,
Vous qui cherchez la victoire,
En avant, suivez Fanfan.
Ran pa ta plan, pa ta plan, (*bis.*)
 Ran pa ta plan.

J'ai débuté dans l'Afrique,
Sous le ciel des moricauds ;
Mes rlis, rlans, flans, je m'en pique,

Ronflaient aux coups les plus chauds.
　　Ran tan plan, etc.

Souvent j'ai battu la diane
Pour les sincères amants ;
Voyais-je un regard profane,
Vite je battais aux champs.
　　Ran tan plan, etc.

Lorsque nos coursiers frémissent
Sous nos enfants belliqueux,
Mes roulements retentissent ;
Nous sortons victorieux.
　　Ran tan plan, etc.

Par mes œillades sublimes,
Mon petit air tapageur,
En ai-je fait des victimes !
Place à Fanfan Jolicœur !
　　Ran tan plan, etc.

Le Russe, n'étant pas sage,
Nous menait je ne sais où ;
Lors j'obtiens, battant la charge,
La revanche de Moscou.
　　Ran tan plan, etc.

　　　　　　A. HALBERT.

VIVE LA GAITÉ

CHANSON DE TABLE

AIR : *Faisons la guerre à coups de verres.*

REFRAIN.

Vive la gaité !
   Versez à boire,
   Disait Grégoire ;
Vive la gaité !
C'est elle qui rend la santé.

Non, plus de chagrin, nous bravons la mélan-
   Au dieu des amours   [colie ;
Nous voulons consacrer nos jours ;
Et si quelquefois nos fronts se sont tachés de
   C'est que nous aimons   [lie,
Le baptême des biberons.
   Vive, etc.

Le joyeux buveur n'aura jamais la face blême ;
   Par un goût nouveau
Il s'est fait l'ennemi de l'eau ;
Et sur sa figure on dit, mais la chose est ex-
   Qu'un pouvoir divin   [trême,

Sut éparpiller le raisin.
 Vive, etc.

Ma femme me dit : Ne bois pas tant, le vin te
  Pour chasser l'ennui   [trouble.
 Qu'elle m'a causé dans la nuit,
Vite au cabaret, le lendemain, moi je redouble.
  J'aime, quand je vois
 Six bons vivants, au lieu de trois.
  Vive, etc.

Que le jus divin éteigne les feux populaires ;
  Qu'un souffle imposteur
 N'anime plus le travailleur.
La division ne doit pas régner entre frères :
  C'est dans la gaîté
 Qu'on doit chercher la liberté.
  Vive, etc.

Je sais rendre hommage à la femme ainsi qu'à
  En buveur joyeux   [la vigne ;
 Près d'elles je suis amoureux ;
D'un être adoré je sais toujours me rendre di-
  Rien n'est plus divin   [gne.
 Que les amours et le bon vin.
  Vive, etc.

Ici, sans frayeur, attendant la terrible Parque,
  Je veux sans façon

Chanter ma dernière chanson.
Mais si l'amitié vient m'accompagner dans la
  Pour jouir encor,   (barque,
Nous trinquerons avec la Mort.
  Vive, etc.
EUGÈNE LEBEAU.

TAIS-TOI, MON CŒUR

ROMANCE

Paroles de M. Michel TISSANDIER.

Musique de M. Paul HENRION

Je l'ai revue après cinq ans d'absence ;
Mais d'elle, hélas! oublié, méconnu,
Je ne suis plus, moi, son ami d'enfance,
Qu'un étranger, peut-être un inconnu !
Dans son regard mon regard a su lire,
Lorsque ses yeux se sont tournés vers moi. (bis.)
Et j'ai surpris un perfide sourire... [toi !
Tais-toi, mon cœur, mon pauvre cœur, tais-} bis.
Tais-toi, mon cœur, mon pauvre cœur, tais-toi !

Je l'ai revue, et j'ai tremblé près d'elle,
En rappelant nos premières amours ;
Car j'ai reçu de sa bouche infidèle
L'aveu fatal d'un adieu pour toujours !...
Un autre, hélas ! captivé par ses charmes,

Aux saints autels vient d'obtenir sa foi !... (bis.)
Souffre en secret et dévore tes larmes... ⎫
Tais-toi, mon cœur, mon pauvre cœur, ⎬ bis.
                   [tais-toi ! ⎭
Tais-toi, mon cœur, mon pauvre cœur, tais-toi!

Ah ! dans mon cœur qui saigne et qui soupire
Au souvenir d'un trop cruel affront,
N'aurais-je pas un cri pour la maudire,
En lui jetant, du moins, l'injure au front ?
Mais non... plutôt réprimons l'anathème !
Dans les transports d'un saisissant émoi, (bis.)
Peut-être bien je lui dirais : je t'aime ! ⎫
Tais-toi, mon cœur, mon pauvre cœur, ⎬ bis.
                    [tais-toi ! ⎭
Tais-toi, mon cœur, mon pauvre cœur, tais-toi!

   La musique se trouve, à Paris, chez M. Colombier, éditeur, 6, rue Vivienne.

LE FAUBOURG SAINT-MARCEAU

CHANT HISTORIQUE

Air de *la Rose des Champs.*

Chacun chante de préférence,
En joyeux et bon troubadour,

Les lieux chéris de son enfance,
Berceau de son premier amour ;
La Bretagne et la Normandie
Nous en offrent plus d'un tableau,
Je veux, suivant cette manie,
Chanter le faubourg Saint-Marceau.

Pays charmant qui m'as vu naître,
Je te reviens, c'est pour toujours.
Dans ton quartier le plus champêtre
Je veux finir mes derniers jours ;
L'on admire les Tuileries
Et la splendeur de ce château,
Moi j'aime les tapisseries
De notre faubourg Saint-Marceau.

Quand Brennus, du fer de sa lance,
Creusa dans un sol caillouteux,
Pour y planter de préférence,
La vigne, ce bien précieux,
Il choisit, chose bien étrange,
Du midi le plus beau coteau ;
Ainsi la plus belle vendange
Se fit au faubourg Saint-Marceau.

Nous savons tous que la lorette,
Prodiguant un amour vénal,
Bien souvent l'on voit sa conquête,
Se repentir à l'hôpital ;

A cette race dangereuse
Je préfère dans son tonneau
Une égrillarde blanchisseuse
De notre faubourg Saint-Marceau.

Un jour la neuvième phalange
Ayant affronté le brutal,
Avait mérité la louange
De notre petit caporal;
Ils ne connaissent pas d'entraves,
Disait-il, ôtant son chapeau,
La pépinière de mes braves
Est dans le faubourg Saint-Marceau.

L'anglais pour teindre en écarlate
Avait achevé le secret;
Voyant dans sa patrie ingrate
Cette teinture sans effet,
Pour de bon il prenait la chèvre,
Mais il n'avait pas payé l'eau
Que l'on voit couler dans la Bièvre
De notre faubourg Saint-Marceau.

Les émules de Terpsichore
Savent varier leurs plaisirs,
Il est des lieux où l'on adore
D'autres pas que ceux des zéphirs;
Je sais que la musique entraîne
Au Wauxhall ainsi qu'au Prado,

Et l'innocence est au Vieux-Chêne
De notre faubourg Saint-Marceau.

Vieux souverains tombés des trônes
Pour toujours vous êtes unis,
Avec vos sceptres et vos couronnes,
Dans les caveaux de Saint-Denis ;
Mais les chantres de la lumière,
Voltaire et l'immortel Rousseau
Dorment en paix sous une pierre
De notre faubourg Saint-Marceau.

L. E. LYON,
dit *parisien bien-aimé.*

NE COMPTONS SUR RIEN

CHANSONNETTE

AIR : *Si les fleurs parlaient.*

Quand le festin au plaisir nous invite,
Ô mes amis, gardons-nous d'hésiter ;
L'occasion s'en échappe si vite,
Que l'on a tort de n'en pas profiter.
Tout au présent, tandis qu'il nous seconde,
Mettons en lui notre souverain bien.

Pour l'avenir, on le voit à la ronde,
On ne saurait jamais compter sur rien. } *bis.*

Sur les secrets, les lois de la nature,
Depuis longtemps on se tourmente en vain;
Nous n'en vivons pas moins à l'aventure,
Le hasard seul nous guide par la main :
Aussi partout que de métamorphoses
Dont la science ignore le moyen !
Je le répète, amis, en mille choses,
On ne saurait, etc.

Qui, d'entre nous, n'a trouvé sur sa route
Le sort contraire à de sages projets,
Lorsque celui qui n'offrait que du doute,
Fut cependant couronné de succès.
Matin et soir la chance inopportune
Se rit des soins de notre ange gardien;
Méfions-nous de l'aveugle fortune,
On ne saurait, etc.

On croit n'aimer qu'une fois dans sa vie
Aux doux soupirs des premières amours;
D'une autre ardeur cette flamme est suivie,
On est heureux !... on dit : c'est pour toujours !
Bientôt après, à des chaînes nouvelles
Fait place encor ce fortuné lien,
Et l'on apprend, surtout auprès des belles,
Qu'on ne saurait, etc.

Narguons l'ennui, les chagrins et la peine,
Que la gaité nous enivre à longs traits;
Chantons, amis, buvons à perdre haleine...
Puis, tous ensemble, eh bien ! mourons après !
Mais l'espérance est si malencontreuse,
Que voulons-nous ? La tombe pour soutien ;
Sourde à nos cris, dort la Parque fileuse,
On ne saurait, etc.

HALBERT.

JEANNE LA FILEUSE

Musique d'E. Arnaud.

Soignant ton vieux père,
Jeanne prie, espère,
Ce devoir, ma chère,
Est béni de Dieu.
Va! poursuis sans crainte
Ta mission sainte,
Sans porter ta plainte
Au seuil du saint lieu.

REFRAIN

File, file, file, bonne Jeanne,
Le roi des cieux est si clément,
Oui, si clément !

Ta piété, divine manne,
Te fait secourir l'indigent
Qui te doit tant.
File, file, file, bonne Jeanne,
Ton ardeur rend ton cœur
Propice au malheur.

Des feux de l'aurore
Le ciel se colore,
Jeanne, prends encore
Ton léger fuseau;
Et que ta quenouille,
Où ton blanc doigt fouille,
De lin se dépouille
Jusques au roseau.
File, file, etc.

Vite, vite, vite,
Que ta main s'agite,
Si tu veux, petite,
Faire des heureux;
L'infortune abreuve
De plus d'une épreuve
L'orphelin, la veuve,
Travaille pour eux.
File, file, etc.

Vois sur la fougère,
Près du presbytère,

Cette pauvre mère
Laisser son enfant.
Ah! plains cette femme,
Viens, on te réclame,
La misère affame
Ce faible innocent.
File, file, etc.

HALBERT.

MONSIEUR RIEN

Air : *Ça ne se peut pas.*

L'autre matin dans ma chambrette
Je rimais un joyeux couplet ;
On entre... on me fait la courbette :
« Monseigneur, lisez ce placet ! »
Moi, tout confus de cet hommage,
Ce nom, dis-je, n'est pas le mien ;
Mon ami, voyez l'autre étage,
  Je ne suis rien. (*bis.*)

Chacun disait qu'en robe noire,
Avocat, je pourrais un jour
Endormir mon grave auditoire,
Et juge, dormir à mon tour ;

J'aurais, en plaidant une cause,
Parlé fort mal, pensé fort bien ;
Je pouvais être quelque chose,
    Je ne suis rien.   (*bis.*)

Si quelquefois dans les ménages
On se plaint de certain affront,
On dit que les maris volages
Se font eux-mêmes..... ce qu'ils sont.
D'accord, mais je crois que madame
Y met toujours un peu du sien.
Quant à moi, n'ayant point pris femme,
    Je ne suis rien.   (*bis.*)

Je vis heureux dans ma retraite :
Mais si dans peu j'allais mourir,
O mes amis ! o ma Suzette !
Gardez-moi votre souvenir.
Vous aimer tous, voilà ma gloire,
Vous être cher, voilà mon bien ;
Conservez mon humble mémoire,
    Je ne suis rien.   (*bis.*)

            LALLEMAND BOISSELOU.

SOUVENIRS NOCTURNES

DE

DEUX ÉPOUX DU XVIIe SIÈCLE

CHANSONNETTE

AIR : *Premier mois de mes Amours.*

Il avait plu toute la journée, et n'ayant pu aller le soir faire leur partie de loto chez Mme Caquet, sage-femme, rue des Martyrs, M. et Mme Denis s'étaient couchés de bonne heure. Au bout de vingt-trois minutes, Mme Denis, qui ne dormait pas, impatientée du silence obstiné de son époux, qui n'avait pas cessé de lui tourner le dos, soupira trois fois et prit la parole :

MADAME DENIS

Quoi ! vous ne me dites rien ?
Mon ami, ce n'est pas bien ;
Jadis c'était différent ;
Souvenez-vous-en, souvenez-vous-en...

J'étais sourde à vos discours
Et vous me parliez toujours.

M. DENIS, se retournant.

Mais, m'amour, j'ai sur le corps
Cinquante ans de plus qu'alors :
Car c'était en mil sept cent,
Souvenez-vous-en, souvenez-vous-en...
An premier de mes amours
Que ne duriez-vous toujours !

MADAME DENIS, se ravisant.

C'est de vous qu'en sept cent-un
Une anguille de Melun
M'arriva si galamment,
Souvenez-vous-en, souvenez-vous-en...
Avec des pruneaux de Tours
Que je crois manger toujours !

M. DENIS.

En mil sept cent-deux, mon cœur
Vous déclara son ardeur :
J'étais un petit volcan,
Souvenez-vous-en, souvenez-vous-en...
Feu des premières amours
Que ne brûlez-vous toujours.

MADAME DENIS.

On nous maria ; je crois,
A Saint-Germain-l'Auxerrois,

J'étais mise en satin blanc,
Souvenez-vous-en, souvenez-vous-en...
Du plaisir charmants atours
Je vous conserve toujours.

M. DENIS, se mettant sur son séant.

Comme j'étais étoffé.

MADAME DENIS, s'asseyant de même.

Comme vous étiez coiffé.

M. DENIS.

Habit jaune en bouracan ;
Souvenez-vous-en, souvenez-vous-en...

MADAME DENIS.

Et culotte de velours
Que je regrette toujours.
(continuant.)
Comme, en dansant le menuet,
Vous tendites le jarret !
Ah ! vous alliez joliment,
Souvenez-vous-en, souvenez-vous-en...
Aujourd'hui nous sommes lourds.

M. DENIS.

On ne danse pas toujours.
(s'animant.)
Comme votre joli sein,
S'agitait sous le satin !
Il était mieux qu'à présent,

Souvenez-vous-en, souvenez-vous-en...
  Belles formes, doux contours,
  Que ne duriez-vous toujours !

MADAME DENIS.

  La nuit, pour ne pas rougir,
  Je fis semblant de dormir;
  Vous me pinciez doucement,
Souvenez-vous-en, souvenez-vous-en...
  Mais à présent nuits et jours
  C'est moi qui pince toujours.

M. DENIS.

  La nuit, lorsque votre époux
  S'émancipait avec vous,
  Comme vous faisiez l'enfant,
Souvenez-vous-en, souvenez-vous-en...
  Mais on fait les premiers jours
  Ce qu'on ne fait pas toujours.

MADAME DENIS.

  « Comment avez-vous dormi ? »
  Nous demandait chaque ami;
  « Bien, » répondais-je à l'instant;
Souvenez-vous-en, souvenez-vous-en...
  Mais nos yeux et nos discours
  Se contredisaient toujours.

M. DENIS, *lui offrant une prise de tabac.*
  Demain, songez, s'il vous plaît,
  A me donner un bouquet.

MADAME DENIS, tenant la prise de tabac
sous son nez.

Quoi ! c'est demain la Saint-Jean ?

M. DENIS, rentrant dans son lit.

Souvenez-vous-en, souvenez-vous-en...
Epoque où j'ai des retours
Qui me surprennent toujours.

MADAME DENIS, se recouchant.

Oui, jolis retours, ma foi ?
Votre éloquence avec moi
Eclate une fois par an ;
Souvenez-vous-en, souvenez-vous-en...
Encor votre beau discours
Ne finit-il pas toujours.

(Ici M. Denis a une réminiscence.)

MADAME DENIS, minaudant.

Que faites-vous donc, mon cœur ?

M. DENIS.

Rien... je me pique d'honneur.

MADAME DENIS.

Quel baiser !... Il est brûlant.

M. DENIS, toussant.

Souvenez-vous-en, souvenez-vous-en...

MAMAME DENIS, rajustant sa cornette.

Tendre objet de mes amours,
Pique-toi d'honneur toujours !

Ici le couple bailla,
S'étendit et sommeilla.
L'un marmottait en ronflant :
Souvenez-vous-en, souvenez-vous-en...
L'autre : « Objet de mes amours,
Pique-toi d'honneur toujours ! »

DÉSAUGIERS.

EXIL ET RETOUR

DUO

Chanté par MM. POULTIER et BARROILHET.

Paroles de M. Édouard PLOUVIER.

Musique de M. Hippolyte MONPOU.

Vers les rives de France
Voguons en chantant,
Oui, voguons doucement,
Pour nous

Les vents sont si doux !
Pays, notre espérance,
Rivage béni,
Oui, vers ton port chéri,
Un dieu d'amour nous conduit.

Loin de toi, patrie,
Mère bien chérie !
D'un exil amer
Nous avons souffert.
Dans un jour d'alarmes,
Il fallut, en larmes,
Dire un triste adieu
A ton beau ciel bleu.
Ah !
Vers les rives, etc.

Cette onde rapide
Semble plus limpide ;
Les cieux sont plus bleus,
Nos chants plus joyeux !
Reine des étoiles,
Souffle dans nos voiles,
Rends à leurs pays
Les Français bannis !
Ah !
Vers les rives, etc.

Sur les vagues grises,

De suaves brises
Embaument les airs
Du parfum des mers...
Là-bas, une grève !
Ce n'est point un rêve
Pour nos yeux ravis !
Non, c'est le pays !
Ah !

Voilà, voilà la France ;
Voguons doucement,
Oui, voguons en chantant,
Pour nous
Les vents sont si doux !
Pays, notre espérance,
Rivage béni,
Oui, à ton port chéri,
Le ciel nous rend aujourd'hui.

1. La musique se trouve chez M. Meissonnier fils, éditeur, 18, rue Dauphine, à Paris.

L'INONDATION

Musique d'A. Marquerie.

Voyez sur la montagne
Ces nuages grossir,

Menaçant la campagne
D'un terrible avenir !
Divine Providence,
Désarme ton courroux :
Pitié, pitié sur nous
Dans ce péril immense !
  Maître des cieux,
    Entends nos vœux,
  Et, loin de nos têtes,
  Chasse les tempêtes !

Il n'est plus d'espérance ;
Rien n'arrête l'essor
Du torrent qui s'avance,
Grossit, s'avance encor !
L'oiseau dans le feuillage
S'abrite en gémissant,
Et des bois l'habitant
Hurle en fuyant l'orage.
  Maître des cieux, etc.

L'on entend du tonnerre
Le bruit retentissant ;
De son lit la rivière
Déborde en rugissant,
Entraînant dans sa rage
Les troupeaux, les moissons,
Les arbres, les maisons,
Brisés sur son passage !

Maître des cieux, etc.

Les éléments ensemble
Se heurtent furieux ;
Sur la terre qui tremble
Le ciel vomit ses feux ;
L'éclair crève la nue,
Et le flot déchaîné,
Sur l'homme consterné,
En déluge se rue.
   Maître des cieux, etc.

Les ondes mugissantes
Entourent d'un linceul
Nos plaines verdoyantes
Comme un vaste cercueil.
Drame terrible et sublime :
Chacun pleure et se tord,
Lutte contre la mort,
Et tombe dans l'abîme !
   Maître des cieux, etc.

Mais, ô bonheur insigne,
Iris déploie aux cieux,
De la paix le doux signe,
Son cercle radieux.
Mettons-nous en prière
Afin que le Très-Haut
Arrête le fléau,

Et quitte le tonnerre.
  Maître des cieux
  Entends nos vœux,
Et Dieu loin de nos têtes
  Chasse les tempêtes.

F. GOZOLA.

AIMONS-NOUS, ALICE.

DUO-ROMANCE

Musique de M. Louis JOUSSE

Alice, douce amie,
  Hélas ! crois-moi,
  Je n'aime que toi.
Dieu nous donna la vie,
  Toi, pour charmer,
  Et moi pour t'aimer.
  Ah ! pour être heureux,
  Alice tous deux,
Unissons les vœux
D'un amour sincère,
Sans témoins sur terre.
Aimons-nous, ma chère;

Sur nous, de ta mère
L'âme veille aux cieux.

T'aimer et te le dire,
   Sont à jamais
   Tous mes souhaits.
Ah! que ne peux-tu lire
   Ce que mon cœur
   Contient d'ardeur.
Ah! pour être heureux, etc.

Donnons loin de la ville,
   A nos amours
   Un libre cours.
Allons-y, ma gentille,
   Braver en paix
   Les jours mauvais.
Ah! pour être heureux, etc.

Aimons-nous donc, Alice;
   Comble ce soir
   Mon doux espoir.
Je veux sans artifice
   D'un doux retour
   Payer ton amour.
Ah! pour être heureux, etc.

Comme t'aimait ta mère
   Je t'aimerai;

Viens, je serai
Ton ange tutélaire.
Reste en mes bras
Jusqu'au trépas.
Ah! pour être heureux, etc.

A. HALBERT.

L'ANGLAIS MÉLOMANE

CHANSON COMIQUE

Chantée par M. Ch. POTIER au théâtre
des Folies-Dramatiques.

Paroles et Musique de M. Amédée de BEAUPLAN.

Le musique anglais, je vous hassure,
Il vaut bien le musique français;
Nous, au moins, nous allons en mesure,
Et vous arrivez toujours après.
   Vous n'avez point de gaîté,
   D'esprit, d'originalité;
   Nous, au contraire, assurément,
   Nous en avons infiniment.

(*Parlé.*) Écoutez ce petit chanson, Mossou.

Ho ! my dear, ho ! my dear Jenny,   [pretty.
Is a little, girl is a little gil is a little gil very
Din don din don don di di di di di di di,
Din don din don di di di di di.

 Ce petit chef-d'œuvre de musique
 Sait exprimer tous les sentiments ;
 Si vous me demandez du tragique,
 Soudain il m'en fournit les accents.
Si vous aimez la gaîté, la piquante vivacité,
Jamais l'Italie n'a chanté avec ce volubilité.
  Ho ! my dear, etc.

 Tous vos airs d'amour et de tendresse,
 Franchement ils m'ennuient à l'excès.
 Pour huit jours je suis dans le tristesse
 Quand j'entends un romance français.
 Mon Dieu que c'est hennuyeux,
 C'est hendormant, c'est fastidieux,
 Tous ces bosquets, tous ces oiseaux,
 Tous ces gazons, tous ces troupeaux.

(*Parlé.*) Franchement, pouvez-vous comparer ces stioupidités à cette déliclcieuse production.

  Ho ! my dear, etc.

 Dans le genre noble, que repondre
 Au God save, à ce chant immortel !

Si Hendel il n'est pas né dans Londre,
Il s'inspira sous notre beau ciel. [je dis oui,
Comme il enfonce Grétry, Auber, Boïeldieu, et
Si vous dit' un mot, je dis comme il enfonce
[Rossini.

(*Parlé.*) Ce petit mosseur Rossini a-t-il jamais enfanté quelque chose de simple et de naturel comme cette ravissante mélodie de notre grand Hendel ?

Ho ! my dear, ho ! mai dir ho ! maldir d'Jenny,
Iz è little gueurl, izè little gueurl, iz gueurli,
Din don din don di di di di, [very pretty.
Din don din don din don di di di di di.

La musique se trouve chez M. Brullé, éditeur, 16, passage des Panoramas, à Paris.

ELLE EST A MOI

ROMANCE

AIR : *Je veux l'aimer.*

Il est une femme charmante
Belle de grâce et de savoir;

Dont la figure séduisante
Plaît aussitôt qu'on peut la voir;
Son regard langoureux inspire
    Un doux émoi,
Heureux celui qui pourra dire
    Elle est à moi. (*bis*).

Lorsque sa voix mélodieuse
Prête son charme à quelque chant,
Mon âme attentive et rêveuse
L'écoute avec ravissement;
Est-il mortel qui ne soupire
    Après sa foi?
Heureux celui qui pourra dire
    Elle est à moi. (*bis.*)

J'aime sa blonde chevelure
Et de sa taille le contour,
En elle, tout, je vous le jure,
Est fait pour donner de l'amour;
Mon cœur connaît de son empire
    La douce loi,
Et pourtant je ne puis pas dire
    Elle est à moi. (*bis.*)

Mélano de Calcina.

TRINQUONS, BUVONS

AIR : *Je veux finir comme j'ai commencé.*

Pour m'égayer dans ce pèlerinage
Que l'on appelle communément la vie,
Pour guide et pour compagnon de voyage,
Amis, j'ai pris le dieu de la folie.
Imitez-moi, munissez-vous d'un verre ;
Trinquez, buvez, soyez toujours joyeux,
Et puissiez-vous à votre heure dernière
Trinquer encor pour un dernier adieu.

Bien fou celui que la tristesse mine ;
A l'avenir bien fou qui se fira ;
Bien fou qui vers la fortune s'achemine ;
Et par amour, bien fou qui se tûra.
Imitez-moi, munissez-vous d'un verre, etc.

Loin des palais que le faste environne,
Obscur et libre je poursuis mon chemin.
Ambitieux qui visez vers le trône,
Qui peut de vous prévoir le lendemain ?
Imitez-moi, munissez-vous d'un verre, etc.

Amants volages qui voguez à Cythère,
Avec prudence conduisez votre esquif ;
Peut-être un jour en l'île du mystère,
Le dieu d'hymen vous retiendra captif ;
Mais pour cela ne quittez pas vos verres.
Trinquez, buvez, soyez toujours joyeux, etc.

Pour traverser l'infernal Achéron,
Bon gré mal gré il faut que l'on s'embarque
A notre tour ; tous nous le passerons,
Sages et fous monteront dans la barque.
Mais jusque-là ne quittons pas nos verres ;
Trinquons, buvons, soyons toujours joyeux,
Et puissions-nous à notre heure dernière
Trinquer encor pour un dernier adieu.

LE SABOTIER

CHANSONNETTE

Chantée par M. Sainte-Foy, de l'Opéra-Comique,
aux concerts du Ménestrel.

Paroles de M. E. Bouret, musique de M. P. Henrion.

Il était un gros sabotier
    Du beau pays de Bresse,

Matin et soir à l'atelier,
　　Et travaillant sans cesse.
　　　L'aube naissait
　　　Et paraissait,
　　Qu'il était à la peine,
　　　Raclant, forant,
　　　Et rabotant,
Chantant à perdre haleine :
Cogne, cogne, sabotier,
　　　A l'ouvrage,
　　　Fais tapage !　　　　} bis.
Cogne, cogne, sabotier,
　　C'est ton métier !

Comme au trop fameux savetier
　　Que chanta La Fontaine,
Il advint à ce sabotier
　　Une très-forte aubaine ;
　　　Notre stentor,
　　　Guettant son or,
Tremblait de le voir prendre...
　　　De ce jour-là,
　　　Il déchanta,
Et l'on cessa d'entendre :
　　Cogne, cogne, etc.

Étant riche comme un Crésus,
　　Ce sabotier prit femme
Qui lui fit sauter ses écus,

Et puis qui rendit l'âme ;
Notre homme heureux
Et tout joyeux,
Disait en bon apôtre :
J'avais des maux
Et deux fléaux,
Mais l'un m'emporte l'autre...
Cogne, cogne, etc.

Voulez-vous savoir en deux mots
La fin de cette histoire,
C'est ce que ce faiseur de sabots,
Aima toujours à boire.
Puis il mourut,
Comme il vécut,
Que le ciel le conduise !
Ne laissant, las !
Rien ici-bas,
Si ce n'est sa devise :
Cogne, cogne, sabotier,
A l'ouvrage,
Fais tapage ! } bis.
Cogne, cogne, sabotier,
C'est ton métier !

La musique est chez M. Colombier, 6 rue Vivienne.

CHÉ CHA OUNA FECHTE

CHANSON AUVERGNATE

Chanté par M. CHAUDESAIGUES.

Paroles de M. EUGÈNE PIERSON,

Musique de M. STORNO DE BOLOGNI.

Je m' chouis' tremoussa,
  Oui-da;
Ché cha z'un' fêchte,
Ous que jous dansa,
  Sauta,
Couru, gambada,
Toute la journa,
Que chen perdais prechque la têchte.
 Dam', fallait voir cha;
Mais ch'est chur tout au grand gala,
 Que ch' m'en chouis donna,
  Oh! mais donna;
 T'nez, jusch'que là!

Chet ait Piarre, nochtre garchon,
Qu'épougeait m'am'gelle Fanchette,

Ch'te fille qu'dans nochtre canton,
On appell' la p'tite Finette.
C'pauve gars n'ayant point d' parens,
J'ai dit ch' t' chervirai de père.   (*bis.*)
Dam', je crais qu'entre braves gens,
Chest ben le moins qu'on puich' faire.

(*Parlé.*) Chetait cha, onna bella noche... quachtre mugettes et onna groche caiche qui vous faichaient chauta comme des marionnettes... fallait voir comme cha marchait, tout le monde criait, riait, chantait : chétait Piarre par-chi, Jacquot par-là; onna noche complète, quoi! auchi fichtrrrrra, nous nous chommes t'y amugeai, gn'y avait ni hommes, ni femmes, nous ch'étions tous Auvergnats... chrrrechti!

Je m' choms' tremoussa, etc.

Pour rendre le plaisir plus grand,
Autour d'une table fort belle,
J' nous chommes tous mis chur un rang,
Et j'ons pris à mêm' la gamelle.
Dam', y m'chemble qu' entre pays,
Fair' des fachons, c'est d' la folie,   (*bis.*)
Car che n'est jamais entre amis
Qu'on doit fair' d' la chérémonie.

(*Parlé.*) Auchi Piarre, qu'avait ben compris

la choge, il avait fait chervir le dîner dans un cheul plat; même que le rechtaurateur il avait oublié dedans la perruque de cha femme. Mais ché tégal... fichtrrrrra, nous nous chommes t'y amugeaï, gn'y avait ni hommes, ni femmes, nous ch'étions tous Auvergnats... chrrrechti!

Je m'choms' tremoussa, etc.

Che gêner, cha ne me va pas;
Auchi pendant que maichtre Piarre,
Près d'Fanchette faichait les beaux bras,
Pour tabouret j'ai pris j'un' piarre;
Puis j'à chaque nouveau refrain,
Pour fair' pacher la chanchonnette, (bis.)
Nous nous verchions un ver' de vin :
Ché cha j'une noche complète !

(Parlé.) Auchi avant la fin de la chégonde contredanche, nous ch'étions tous sous la table à ronfler comme des amours... Ch'était cha onnamougique... même que la groche caiche en a crévé cha peau. Mais ché tégal... fichtrrrrra! nous nous chommes t'y amugeaï, gn'y avait ni hommes, ni femmes, nous chétions tous Auvergnats... chrrrechti !.

Je m' choms' tremoussa,
   Oui-da;
Ché cha z'un' féchte,

Qus que jons dansa,
Sauta,
Couru, gambada,
Touto la journa,
Que che perdais prechque la têchte.
Dam', fallait voir cha !
Mais ch'est churtout au grand gala,
Que ch'm'en chouis donna,
Oh ! mais donna ;
T'nez, jusch'que là !

La Musique chez M. Paté, 26, passage du Grand-Cerf, et chez L. Veillot, édit. rue N.-D.-de-Nazareth.

ITINÉRAIRE DE SAINT-OUEN

PORT DE MER

DES MARINS D'EAU DOUCE PARISIENS

Air : *Ah ! voilà la vie que les moines font.*

Pour faire bamboche
Dimanche ou lundi,
Le quibus en poche,
Le cœur dégourdi,
Partons sans reproche,

Sans craindre le tintouin,
La gaîté n'est pas loin.
 Puisque les bons drilles,
  Les filles
  Gentilles
  Fourmillent,
  Sautillent,
Allons à Saint-Ouen.

 Prends donc, Madeleine,
 Ton p'tit air flambant,
 J'ai de ma quinzaine
 Touché le montant;
 Franchissons la plaine,
Je connais un bon coin :
Viens chez Vincent Compoin.
 Puisque, etc.

 Afin que l'on puisse
 Monter son bivouac,
 Ici Courteculsse
 Vend café, tabac;
 Je vais comme un Suisse,
Me rinçant le babouin,
Fouler luzerne et foin.
 Puisque, etc.

 Puisque la pitance
 Qu'on nous sert dehors

Te cause d'avance
Hoquets et rapports,
Là, vois quelle chance!
Un chacun sans témoin
De son rata prend soin.
 Puisque, etc.

La mère Valette
Et son petit bleu
Est ce qui complète
L'attrait de ce lieu.
Celui que la piquette
A rendu baragouin,
S'en va chantant au loin.
 Puisque, etc.

Veut-on de la Seine
Remonter le flot,
Tournache sans gêne
Nous loue un canot.
L'île est bientôt pleine
Dans son moindre recoin
De nids dans le sainfoin.
 Puisque, etc.

Les paons, les pintades,
Hôtes du moulin,
Craignant nos cascades,
Couvrent le chemin ;

En capilotades,
Chaque jour dans un coin
Plus d'un meurt sans témoin.
  Puisque, etc.

Puis le soir arrive,
La foule en chantant
Regagne la rive,
Et, clopin-clopant,
Part aux trois quarts ivre
Du délirant Saint-Ouen,
En chœur chantant au loin :
  Puisque, etc.

HECTOR COMPÈRE.

LA JUIVE

GRAND AIR

Chanté par M. DUPREZ, dans l'opéra de ce nom,
au théâtre de l'Académie Royale de Musique.

Paroles de M. E. SCRIBE.

Musique de F. HALÉVY.

ELÉAZAR.
Va prononcer ma mort, ma vengeance est [certaine,
C'est moi qui, pour jamais, te condamne à [gémir;

J'ai fait peser sur toi mon éternelle haine,
Et maintenant, je puis mourir.

  Mais ma fille, ô Rachel!
  Quelle horrible pensée
  Vient déchirer mon cœur ;
 Délire affreux, rage insensée,
Pour me venger, c'est toi qu'immole ma
  Rachel, quand du Seigneur, [fureur!
  La grâce tutélaire,
  A mes tremblantes mains
  Confia ton berceau,
  J'avais, à ton bonheur,
  Voué ma vie entière,   ) bis.
Et c'est moi qui te livre au bourreau!)
Et c'est moi qui te livre au bourreau!

Mais j'entends une voix qui me crie :
Sauvez-moi de la mort qui m'attend ;
Je suis jeune, et je tiens à la vie,
O mon père, épargnez votre enfant!
Je suis jeune, et je tiens à la vie,
O mon père, ô mon père, épargnez votre
   Ah!   [enfant!
  Rachel, quand du Seigneur,
  La grâce tutélaire,
  A mes tremblantes mains
  Confia ton berceau,
  J'avais, à ton bonheur,

Voué ma vie entière,
Et c'est moi qui te livre au bourreau ! (bis.)
Rachel, je te livre au bourreau ! [bourreau !
Rachel, c'est moi, moi, moi, qui te livre au

Et d'un mot (bis) arrêtant la sentence,
D'un mot arrêtant la sentence,
Je puis te soustraire au trépas,
Ah !
J'abjure à jamais ma vengeance, (bis.)
Rachel, non tu ne mourras pas ! [j'allais
Vous voulez notre sang, chrétiens, et moi,
Vous rendre ma Rachel, non, non, jamais !

Dieu m'éclaire,
Fille chère,
Près d'un père
Viens mourir ;
Et pardonne,
Quand il donne
La couronne
Du martyr ;
Vaine crainte,
Plus de plainte, (bis.
En mon cœur ;
Saint délire
Qui m'inspire,
Ton empire

Est vainqueur.
Dieu m'éclaire,
Fille chère,
Près d'un père
Viens mourir ;
Et pardonne,
S'il te donne
La couronne
Du martyr.

Israël la réclame ! (bis.)

C'est au Dieu de Jacob que j'ai voué son âme ;
Elle est à moi, c'est notre enfant,
Et j'irais en tremblant pour elle,
Prolongeant ses jours d'un instant,
Lui ravir la vie éternelle
Et le ciel qui l'attend.
Non, non, jamais !
Dieu m'éclaire,
Fille chère,
Près d'un père
Viens mourir ;
Et pardonne
Quand il donne
La couronne
Du martyr.
Vaine crainte,
Plus de plainte (bis.)

En mon cœur;
Saint délire
Qui m'inspire,
Ton empire
Est vainqueur.
Dieu m'éclaire,
Fille chère,
Près d'un père
Viens mourir;
Et pardonne
S'il te donne
La couronne
Du martyr.
Pardonne,
S'il te donne   ⎫
La couronne   ⎬ (bis.)
Du martyr.   ⎭
S'il te donne
La couronne   (bis.)
Du martyr!

La Musique se trouve chez MM. Brandus et Cⁱᵉ édit., 103, rue Richelieu, à Paris.

RICHES ET PAUVRES

AIR : *Si le bon Dieu faisait parler les fleurs.*

Musique de JULES COUPLET.

Heureuses mères, calmes dans votre asile
Qui des frimas aisément vous défend,
Avec amour près du foyer tranquille
Vous carressez en riant votre enfant ;
Songez, hélas ! qu'il est plus d'une femme
Sans feu, sans vitre, et qui peut-être a faim.
Jetez, jetez, l'obole à sa réclame
Et le bon Dieu (*bis*) bénira votre main.

Enveloppez sous sa blanche pelisse
Votre trésor, votre joyeux enfant ;
Craignez sur lui que l'air froid ne se glisse
Ce soin, ne peut être trop diligent ;
A vos carreaux une bise glacée
En fleurs d'argent se montrera demain.
Ah ! que par vous l'aumône soit versée,
Et le bon Dieu, etc.

De votre fils, ah! que la joue est fraîche!
Heureuse mère, il demande un baiser.
Son front est beau! du velours de la pêche
Plus d'une abeille y viendrait se poser.
Cruel hiver! la neige en sa demeure
D'un froid manteau recouvre l'orphelin.
Oui, secourez le pauvre enfant qui pleure
Et le bon Dieu, etc.

Là vous verrez un lange usé, qui laisse
Voir par ses trous un corps tout amaigri;
Pourtant la mère auprès de lui s'empresse;
Mais, plus de lait, la douleur l'a tari ;
Ah! devenez l'ange de la mansarde
Qu'ils invoquaient dans leurs vœux ce matin,
Secourez-les, soyez leur sauvegarde
Et le bon Dieu, etc.

Tendez la main à l'indigente mère
Priant pour elle, et qui pour vous prira,
Donner au pauvre est semer sur la terre
Un grain qu'au ciel le bon récoltera ;
Riches, laissez l'épi de la glaneuse.
Jésus a dit : Aimez votre prochain;
La charité rend l'âme bien heureuse
Du bienfaisant (*bis*) Dieu bénira la main.

A. HALBERT (d'Angers).

LA GAZE

Air : *Du péché par ignorance.*

L'homme dans son premier séjour
Eut pour voile son innocence,
Mais pour augmenter son amour
Sa femme inventa la décence,
Craignant qu'il ne conservât pas
Pour ses charmes sa tendre extase,
Elle couvrit ses doux appas
D'une feuille au défaut de gaze. (*bis.*)

Souvent la beauté m'éblouit,
Mais c'est la pudeur qui m'attache,
Je fuis la belle qui me suit,
Je poursuis celle qui se cache,
Le voile est un joli secret;
Moins on voit et plus l'on s'embrase,
De Vénus le plus doux attrait
Était sa ceinture de gaze. (*bis.*)

Qu'ils étaient gênants ces habits
Que portaient jadis nos grand'mères,
Grands paniers, robes à grands plis!

Contre l'amour que de barrières!
La mode aujourd'hui, par bonheur,
Prenant la liberté pour base,
Entre le plaisir et l'honneur
Ne laisse plus rien qu'une gaze. (bis.)

Lorsque nous peignons le plaisir,
Voilons avec goût son image;
Un léger obstacle au désir
Fait qu'on désire d'avantage,
Sans vêtement la volupté
Bientôt nous dégoûte et nous blase;
Pour faire aimer notre gaîté,
Amis, n'oublions pas la gaze. (bis.)

AUBERT.

LE BIEN VIENT EN NAVIGUANT

RONDE

Chantée par M. BOUTIN, au théâtre
de l'Amb.-Comique, dans *le Naufrage de la Méduse*.

Paroles de M. Ch. DESNOYER, Musique de M. A. VAILLARD.

Il était un matelot
 Qui partait pour le Congo. } bis.

A terre, il avait laissé
    Son tendre objet,   (bis.)
Margot, Margot, femme adorée :
Et vous allez voir comment ⎫
Le bien vient en naviguant. ⎭ bis.

Le jour qu'à la voile il mit,
Faut-il partir, qu'il lui dit...
Sans t' laisser, à mon départ,
    Un p'tit moutard
Qu'ait m'a tournure et mon regard ?
Qui m' rappelle à sa maman,
Si j' trépasse en naviguant !

Margot répond : beau mat'lot,
Pars bien vit' pour le Congo.
Va gagner l'or du Pérou ;
    Adieu, bijou.
Au retour, tu s'ras mon époux !
Tu s'ras l' pèr' de mes enfants...
Le bien vient en naviguant.

La belle attendit trois ans ;
Il revint en lui disant :
Me revoilà, Margoton,
    Embrass'moi donc.
Et plus de navigation ;
Car j' n'ai pas un sou vaillant,
L' bien n' vient pas en naviguant.

Mais réponds moi donc, Margot,
Qu'est-c' que c'est qu'ces deux marmots ? } *bis.*
La bell' lui dit : pour ta part,
A ton départ, *(bis.)*
Tu ne voulais qu'un p'tit moutard ;
En v'là deux, mon cher amant ; } *bis.*
Le bien vient en naviguant.

UN MENSONGE DÉVOILÉ

ou

LE MONDE VIT ENCORE

Musique de feu Bellet.

AIR : *Trinquons, versons; amis, buvons.*

Un Allemand naguère,
Nous disait : c'est certain,
Notre vieil hémisphère
Est bien près de sa fin ;
Au fond de ma lunette
Je l'ai vu transpercé,
Au choc d'une comète
Du céleste tracé
    Effacé !

REFRAIN.

Bénin
Devin,
Des bords du Rhin
Seul, tremble et guette
Ta comète.
Nous bafouons, rêveur,
Ta frayeur;
Le treize juin ne fait plus peur.

Nous traçant ses alarmes,
L'astronome germain
Disait : Ce jour de larmes
Sera sans lendemain;
Le feu, la terre, et l'onde
Se livrant maints combats,
Vont de notre bas-monde
Presto, sonner hélas!
Le trépas.
Bénin, etc.

Au coin de chaque rue,
D'effrontés aboyeurs,
A la foule accourue
Annonçaient vingt malheurs.
D'une immense salade
Esquissant le tableau,
Plus d'un cerveau malade

Redoutait le fléau
　　Pour sa peau.
　　　Bénin, etc.

Attendant la comète,
Jamais avant minuit,
Ma voisine Fanchette
Ne rentrait chaque nuit.
C'est l'affreux météore
Qu'elle voulait voir luir,
Nous disait la pécore,
Qui va-t-elle choisir
　　Pour mentir.
　　　Bénin, etc.

Chaque jour qu'à l'école,
J'envoyais mon moutard,
Il trouvait bénévole
D'apprendre, et le gaillard
Disait, plein d'impudence,
J'ai comme tous les sots
Juste assez de science
Pour attendre en repos.
　　Le chaos.
　　　Bénin, etc.

Si le souverain juge
Dans un jour de courroux,
Inventa le déluge

Il eut peur ! Vertuchoux !
Quoi, de la race humaine
Sauvant l'échantillon,
Reprendrait-il la peine
D'en refaire, en brouillon,
  Un bouillon.
    Bénin, etc.

Laissons donc dire et faire
A nos Nostradamus,
Ou rêve sublunaire,
Ou dernier *in-manus*
De Paris jusqu'à Rome,
De Londres à Pékin,
Dans des flots de rogomme,
Noyons soir et matin,
  Le chagrin.
    Bénin, etc.

    A. HALFERT (d'Angers).

MON RÊVE D'AMOUR

Musique de Mlle Garcin.

Sous mon regard, rieuse jeune fille,
Tu viens sourire et donner à mon cœur,

Le feu sacré qui s'élève et scintille
Pour retrouver au ciel le Créateur.
Ce feu divin, c'est amour qu'on l'appelle,
A mes baisers il offre un doux retour,
Retour qui fait que l'âme se révèle,
Qu'il est heureux mon beau rêve d'amour !

Rêve de feu, que nourrit ma pensée,
Porte mes vœux à mon chaste trésor,
Qui d'un regard, de mon âme froissée,
Vint réveiller le poétique essor,
Merci, merci, bel ange tutélaire !
Pour ton bienfait je te donne en ce jour
Un cœur aimant, tendre, libre et sincère,
Qu'il est heureux mon beau rêve d'amour !

Timide enfant, ton gracieux sourire,
Baume d'amour qui calme la douleur,
A de mon front éloigné le délire
Pour me créer de longs jours de bonheur,
De ma gaîté je ne crains plus l'abscence,
Quand près de moi s'offre un riant séjour,
Si dans ton cœur j'ai trouvé l'espérance.
Qu'il est heureux mon beau rêve d'amour !

ALPHONSE HÉNIQUE.

Cette chanson peut se chanter sur l'air : *Si les fleurs parlaient.* (JULES COUPLET.)

LUCIE DE LAMMERMOOR

DUO

Chanté par M. Duprez et Mlle Nau, au théâtre de l'Opéra.

Musique de M. G Donizetti.

Paroles de MM. Alphonse Royer et Gustave Vaez.

LUCIE.

Vers toi toujours s'envolera
   Mon rêve d'espérance;
Le bruit des flots pour toi sera
   L'écho de ma souffrance;
Si mon pauvre cœur désolé
   A sa douleur succombe,
Ah! cueille dans ce bois isolé
   Une fleur pour ma tombe.
Adieu! adieu tout mon bonheur!
La mort, la mort est dans mon cœur.
   Adieu, adieu bonheur!

EDGARD.

Vers toi toujours s'envolera
   Mon rêve d'espérance;

Le bruit des flots pour toi sera
  L'écho de ma souffrance ;
Et si ton amant désolé
  A sa douleur succombe,
Donne une larme à l'exilé,
  Que ton cœur soit sa tombe.
Adieu ! adieu tout mon bonheur !
La mort, la mort est dans mon cœur,
  La mort est dans mon cœur !

Ensemble :

Vers toi toujours s'envolera
  Mon rêve d'espérance ;
Pour moi, le bruit des flots sera
  L'écho de ma souffrance.

EDGARD.

Si mon pauvre cœur désolé
  A sa douleur succombe,
Donne une larme à l'exilé,
  Que ton cœur soit sa tombe.

LUCIE.

Jette quelques fleurs sur ma tombe.

Ensemble :

Adieu ! adieu tout mon bonheur !
La mort est dans mon cœur.

Ah ! adieu tout mon bonheur,
Tout mon bonheur !

LUCIE DE LAMMERMOOR, opéra en 2 actes et 4 tableaux, paroles de MM. A. Royer et Vaez, musique de M. G. Donizetti. En vente chez M. Tresse, éditeur, 2 et 3, galerie de Chartres, Palais-Royal. Prix : 1 fr.

VIVE LE DIMANCHE

Musique de Paul Henrion.

Air du *Louvetier.*

Prends, Jeanneton, ta robe blanche,
Ne songeons plus à l'atelier ;
Nous sommes enfin au dimanche, ⎱ (bis)
Courons aux champs nous égayer. ⎰
  Partons !
 Allons, que l'on s'apprête,
  Dieu fit ce jour pour nous ;
 Après le travail vient la fête,
  Faisons les fous.

L'architecte de l'univers
Mit six jours à bâtir le monde,

Puis s'élevant au sein des airs
Il jeta les yeux à la ronde :
Je suis, dit-il, content de moi,
Mais reposons-nous par ma foi.
  Faisons comme lui,
   Disons aujourd'hui :
  Ah ! vive le repos !
Prends, Jeanneton, etc.

Dans les environs de Paris
S'il n'est pas à ma tourterelle
Le moindre petit oasis[1]
Pour les amoureux, viens, ma belle ;
Boulogne, Vincennes, Bondy,
Meudon et Romainville aussi
  Ont des coins charmants,
   Discrets en tous temps.
  Ah ! vive le repos !
Prends, Jeanneton, etc.

Du petit-bleu de Bagnolet,
Nanterre, Argenteuil ou Suresne,
Vidant maint pichet aigrelet,
Ou bien en côtoyant la Seine,
A Saint-Cloud, Asnières, Saint-Ouen,
Dans la luzerne ou le sainfoin,

---

1. Bois dé palmiers.

Loin des curieux,
Nous dirons, joyeux :
Ah ! vive le repos !
Prends Jeanneton, etc.

Parmi les fleurettes des champs
Si tu trouves la marguerite,
Ah ! demande-lui si je mens
Lorsque je vante ton mérite.
Elle te dira tout à coup :
Il t'aime ! non *peu*, mais beaucoup.
Accepte ma foi,
Et dis avec moi :
Ah ! vive le repos !
Prends, Jeanneton, etc.

Viens ! laissons fêter saint Lundi
Aux compagnons de la paresse,
Et, pendant tout un sextidi[1],
Au travail livrons-nous sans cesse.
Du dimanche sachons jouir,
Consacrons-le tout au plaisir ;
Rions et sautons,
En chœur répétons :
Ah ! vive le repos !
Prends, Jeanneton, etc.

1. Six jours (calend. républ.).

Le courage seul rend heureux,
Il permet qu'aisément l'on aide
L'ami qu'un sort malencontreux
De toute sa rigueur excède ;
Puis quand arrivent nos vieux jours,
Son produit nous prête secours.
  Songeons-y demain,
  Mais, pour ce matin,
 Ah ! vive le repos !
Prends, Jeanneton, etc.

    HALBERT (d'Angers).

LES FLACONS

Air du vaudeville de *Jadis et Aujourd'hui.*

(KREUTZER)

Depuis bien longtemps je m'escrime
Pour trouver un sujet nouveau :
Il ne me vient pas une rime,
Tout en me creusant le cerveau.
Je fredonne sur ma musette,
Pour vous plaire, quelques flonflons.
Allons, enfants de la Goguette,
Vidons gaîment tous nos flacons. (*bis.*)

Pour être heureux sur cette terre,
Mes amis, il est trois secrets :
Chantons ce que le pauvre espère,
L'amour, les arts et le progrès.
La liberté que chacun goûte
Sur ce globe où nous voyageons,
Sème des fleurs sur notre route ;
Vidons gaîment tous nos flacons.

Le soleil de l'indépendance
Doit éclairer ses nourrissons :
J'attends avec impatience
Que viennent de grandes moissons.
Je chante pour la sainte cause :
Plus de fusils ni de canons !
Bientôt le laurier sera rose.
Vidons gaîment tous nos flacons.

Venez : ici, pas de noblesse,
Pas de titre non mérité,
Car nous possédons pour richesse
Le grand temple de la gaîté.
Accourez sans merci ni trêve,
Riches, pauvres, gueux et lurons !
Avant que finisse un beau rêve,
Vidons gaîment tous nos flacons.

Nous courons sur un pauvre globe
Plein d'épines et de buissons :

La fortune au loin se dérobe,
Et nous la cherchons sans raisons.
Aimons-nous, vivons tous en frères,
En faisant sauter les bouchons.
Pour mieux oublier nos misères,
Vidons gaîment tous nos flacons.

Puisque la vie est un passage
Que fustige la faux du temps,
Prêts à faire le grand voyage,
Sachons employer nos instants.
Malgré la tempête qui gronde,
Il nous reste encor des flonflons.
Avant de quitter ce vieux monde,
Vidons gaîment tous nos flacons.

A. DESHAULLE.

LA DANSE DES PETITES FILLES

RONDE

Musique de M. L. Jousse

REFRAIN

Chantez, dansez, fillettes,
Doux espoir des amours.

En avant refrains, rondes et chansonnettes :
C'est peut-être ici le plus beau de vos jours.

 Plus ne serez si follettes
Au temps qui bientôt viendra,
Quand, plaintives et seulettes,
Votre cœur palpitera.
Ce temps offre mille charmes
A vos désirs curieux :
Ah! si vous saviez que de larmes,
Amour coûte aux plus beaux yeux.
  Chantez, etc.

Souvent pâlit, dès l'aurore,
Le soleil de la beauté ;
Souvent meurt, avant d'éclore,
La fleur de virginité.
Au printemps des amourettes,
Lorsqu'hymen vous sourira,
Ah! combien de vous, pauvrettes,
Blanc linceul revêtira.
  Chantez, etc.

Celle-ci, gente et folâtre,
Qui bondit parmi les fleurs,
Je la vois, mère idolâtre,
D'un fils veillant les douleurs.
Déjà fuit l'âme ingénue
De ce fils qu'elle adorait :

Oh ! propice et bien venue
La mort qui les enivrait !
 Chantez, etc.

CHAUVET.

LA JEUNE FILLE A L'ÉVENTAIL

CHANSON D'ESPAGNE

Chantée par Mme LEFÉBURE-WÉLY,
aux concerts du Ménestrel.

Paroles de M. Étienne Tréfeu, musique de M. L. Abadie.

Sur le Prado, près de la grille,
J'ai ramassé, charmant trésor,
Un éventail de jeune fille,
En bel ivoire et garni d'or.
La sénora qui le réclame
A les yeux noirs, les dents d'émail ;
Pour l'obliger, je rendrais l'âme ;
Mais j'ai gardé son éventail...
Pour être heureux, garçons et filles,
Gardez longtemps, gardez toujours,

Sous vos manteaux, sous vos mantilles,
Le doux secret de vos amours !

L'autre matin, j'entre à l'église,
En pénétrant sous le portail,
Je reconnus, belle en sa mise,
La jeune fille à l'éventail ;
Je la suivis dans la chapelle,
Je la suivis tremblant d'émoi,
Je sais comment elle s'appelle ;
Mais j'ai gardé son nom pour moi !...
    Pour être heureux, etc.

Elle est partie... est-ce dommage !
Elle est déjà sous d'autres cieux ;
Son éventail et son image,
Plus que jamais charment mes yeux.
En nous quittant, loin de la ville,
Ce que m'a dit la sénora,
Moi seul le sais, gens de Séville,
Et nul de vous ne le saura...
Pour être heureux, garçons et filles,
Gardez longtemps, gardez toujours,
Sous vos manteaux, sous vos mantilles,
Le doux secret de vos amours !

La musique se trouve chez M. Meissonnier fils, éditeur, 18, rue Dauphine, à Paris.

LA LEÇON DE L'EXPÉRIENCE

DUO

Musique de l'auteur des paroles.

Couvert du froid manteau de l'indigence,
Un bon vieillard à des étudiants,
Disait : voyant qu'ils couraient à la danse;
Plus sagement employez vos instants,
Une imprudence est toujours un méfait.
    Croyez-en mon expérience,
Que de beaux jours sur terre on coulerait,
      Si jeunesse savait.

      (*Réplique.*)
   D'un air dédaigneux,
   Nos fous pour réponse
   Reprirent : Mon vieux,
   Garde ta semonce;
   Le vin et les filles,
   Sont pour les bons drilles,
   Ainsi que nous ferait
   Si vieillesse pouvait.

LE VIEILLARD.

Tout comme vous, j'eus mes jours de démence,
Riant au nez de qui moralisait,
J'étais heureux dans mon insouciance,
Mes ans passaient, rien ne m'inquiétait,
Autour de moi le vide se faisait
   Au souffle de l'intempérance.
Que de beaux jours, etc.

(*Réplique.*)

  Quoi ! c'est un méfait,
  Lorsque guillerette
  La jeunesse sait
  Rompre sa layette,
  Quand l'aï petille,
  Quand femme est gentille,
  Ainsi que nous ferait, etc.

LE VIEILLARD.

Près des derniers relais de l'existence,
Tout comme moi, vous apprendrez un jour
Que les avis que bafoua l'enfance,
Eussent suffi pour enchaîner l'amour,
Un bon conseil est toujours un bienfait,
   Croyez-en mon expérience, etc.

(*Réplique.*)

  Savoir courtiser
  La brune et la blonde,

Ne pas se griser.
Buvant à la ronde,
Tout viveur opine
Pour cette doctrine,
Tout comme ferait, etc.

(*Moralité.*)

Le fer en main et l'œil plein d'arrogance,
Deux jeunes gens pour un sot point d'orgueil,
Jouaient leur vie, et près d'eux en silence,
Des villageois escortaient un cercueil.
Un corps tomba ! La mort passant, glanait
Au champ de l'inexpérience.
Que de beaux jours, etc.

(*Réplique.*)

Ce mort que suivait
La foule attendrie,
Ce corps qui tombait
Jeune et plein de vie,
Chacun à sa guise,
Tronqua la devise :
Si jeunesse savait,
Si vieillesse pouvait.

Dans ces couplets où se coudoient ensemble,
L'adolescence et l'âge des regrets,
La mort survient et d'un seul coup rassemble

Rêves blasés, immodérés projets,
A qui toujours lentement se hâtait,
Dieu prolonge la jouissance.
Que de beaux jours sur terre on coulerait
    Si plus sage on était.

              A. HALBERT (d'Angers).

A MES AMIS

CHANSON BACHIQUE

AIR de *La pipe de tabac.*

D'Anacréon suivons l'exemple,
Buvons sans jamais nous lasser,
A Bacchus élevons un temple
Souvent nous irons l'encenser;
Le vin ranime le courage
Il fait oublier les chagrins,
L'amour, sans ce divin breuvage,
Aurait-il soumis tant d'humains.

Rappelons à notre mémoire
Le souvenir de ces guerriers,
Qui jamais n'allaient à la gloire,
Sans avoir vidé leurs celliers.

Buvons, que ce jus de la treille,
Humecte nos gosiers brûlants ;
Quand je possède une bouteille
Je passe de bien doux instants.

Vous que l'ambition dévore,
Fiers conquérants et potentats,
Je ne changerais point encore
Du bon vin contre vos États.
Les tourments sont votre partage,
Dans mon cœur habite la paix ;
Entre le beau temps et l'orage
A-t-on vu balancer jamais ?

Martin Crequi.

PARIS A CINQ HEURES DU SOIR.

Air de *Paris à cinq heures du matin*.

En tous lieux la foule,
Par torrents s'écoule ;
L'un court, l'autre roule,
Le jour baisse et fuit,
Les affaires cessent ;
Les dîners se pressent,

Les tables se dressent,
Il est bientôt nuit,

   Là, je devine
   Poularde fine,
   Et bécassine
Et dindon truffé ;
   Plus loin je hume,
   Salé, légume
   Cuits dans l'écume
D'un bœuf réchauffé.

Le sec parasite
Flaire... et trotte vite,
Partout où l'invite,
L'odeur d'un repas ;
Le surnuméraire
Pour vingt sous va faire,
Une maigre chère
Qu'il ne paiera pas.

   Plus loin qu'entends-je ?
   Quel bruit étrange
   Et quel mélange,
De tons et de voix !
   Chants de tendresse,
   Cris d'allégresse,
   Chorus d'ivresse,
Partent à la fois.

Les repas finissent,
Les teints refleurissent,
Les cafés s'emplissent,
Et trop aviné,
Un lourd gastronome
De sa chute assomme
Le corps d'un pauvre homme,
Qui n'a pas dîné.

Le moka fume,
Le punch s'allume,
L'air se parfume ;
Et de crier tous :
« Garçon, ma glace !
Ma demi-tasse !...
— Monsieur, de grâce,
Paris, après vous. »

Les journaux se lisent ;
Les liqueurs s'épuisent ;
Les jeux s'organisent,
Et l'habitué,
Le nez sur sa canne,
Approuve ou chicane,
Défend ou condamne
Chaque coup joué.

La tragédie,
La comédie,

La parodie,
Les escamoteurs ;
Tout, jusqu'au drame,
Et mélodrame,
Attend, réclame,
L'or des amateurs.

Les quinquets fourmillent ;
Les lustres scintillent ;
Les magasins brillent ;
Et l'air agaçant,
La jeune marchande,
Provoque, affriande,
Et de l'œil commande,
L'emplette aux passants.

Des gens sans nombre,
D'un lieu plus sombre,
Vont chercher l'ombre
Chère à leurs desseins,
L'époux console,
Le fripon vole,
Et l'amant vole
A d'autres larcins.

Jeannot, Claude, Blaise,
Nicolas, Nicaise,
Tous cinq de Falaise,
Récemment sortis,

Élevant la face,
Et cloués sur place,
Devant un paillasse,
S'amusent gratis.

   La jeune fille,
    Quittant l'aiguille
    Rejoint son drille,
Au bal *de Luquet*,
    Et sa grand'mère,
    Chez la commère,
    Va coudre et faire
Son cent de piquet.

Dix heures sonnées,
Des pièces données,
Trois sont condamnées
Et se laissent choir,
Les spectateurs sortent,
Se poussent, se portent....
Heureux s'ils rapportent,
Et montre et mouchoir.

  « Saint-Jean, la Flèche,
  Qu'on se dépêche...
  Notre calèche!
Mon cabriolet! »
    Et la livrée,
    Quoique enivrée,

Plus altérée,
Sort du cabaret.

Les carrossent viennent,
S'ouvrent et reprennent,
Leurs maîtres qu'ils mènent
En se succédant ;
Et d'une voix âcre,
Le cocher de fiacre,
Peste, jure et sacre,
En rétrogradant.

Quel tintamarre !
Quelle bagarre !
Aux cris de *gare*
Cent fois répétés,
Vite on traverse,
On se renverse,
On se disperse,
De tous côtés.

La sœur prend son frère,
La fille son père,
Le garçon sa mère,
Qui perd son mari,
Mais un galant passe,
S'avance avec grâce,
Et s'offre à la place
De l'époux chéri.

Plus loin des belles,
Fort peu rebelles,
Par ribambelles
Errant à l'écart,
Ont doux visage,
Gentil corsage,
Mais je suis sage....
D'ailleurs il est tard.

Faute de pratique
On ferme boutique,
Quel contraste unique,
Bientôt m'est offert !
Ces places courues,
Ces bruyantes rues,
Muettes et nues,
Sont un noir désert.

Une figure
De triste augure,
M'approche et jure
En me regardant....
Un long *qui vive !*
De loin m'arrive,
Et je m'esquive
De peur d'accident.

Par longs intervalles,
Quelques lampes pâles,

Faibles, inégales
   M'éclairent encor...
Leur feu m'abandonne
L'ombre m'environne
Le vent seul résonne :
   Silence !... tout dort.

DÉSAUGIERS.

LE LANGAGE DES CLOCHES

CHANSON

Chantée par M. SAINTE-FOY, de l'Opéra-Comique,
aux concerts de la salle de Herz.

Paroles de M. FRÉDÉRIC DE COURCY.

Musique de M. L. CLAPISSON.

Les cloches sont des bavardes
Qui, toujours sur le même air,
Avec leurs voix criardes,
De tout vous parlent en l'air.
Quand monte vers l'atmosphère
Leur carillon éternel,
On dirait que c'est la terre

Qui babille avec le ciel!...
Sonnez, sonnez, sonnez, cloches,
Sonnez partout et pour tous...
  Sonnez, cloches!
  Sans reproches,
Sur terre on n'entend que vous!
  Sonnez, sonnez, (bis.)
  Sonnez, cloches!
  Sans reproches,
Sur terre on n'entend que vous!

Qu'elles sonnent des baptêmes,
Je conçois très-bien cela,
Puisqu'en naissant, elles-mêmes,
D'abord on les baptisa...
Mais, parfois, on doit se taire,
Et pourquoi donc nous crier :
« Din don!... » pour qu'on nous enterre?..
« Din don!... » pour nous marier?...
Sonnez, sonnez, sonnez, cloches, etc.

L'une dit de sa voix claire :
Il est temps de s'éveiller!
Une autre : Fais ta prière...
Une autre ; Va travailler!
Bref, pour varier leurs charmes
Et pour nous distraire un peu,
Celle-ci nous crie : Aux armes!

Celle-là nous crie : Au feu !
Sonnez, sonnez, sonnez, cloches, etc.

Elles sont, en politique,
Assez girouettes, je crois...
Sonnant pour la république,
Pour l'empire et pour le roi.
Egoïstes que nous sommes !
Pauvres cloches !... tant qu'on peut,
On leur fait, tout comme aux hommes,
Dire tout ce que l'on veut...
Sonnez, sonnez, sonnez, cloches, etc.

J'aime la cloche vibrante
De notre clocher natal...
C'est un souvenir qui chante
Et donne un cœur au métal.
Son timbre semble nous rendre
Notre enfance, qu'il berça,
Et l'on croit encore entendre
La voix de ceux qu'on aima...
Sonnez, sonnez, sonnez, cloches, etc.

Une cloche d'arrivée
Me rend dispos et gaillard ;
Mais l'oreille est énervée
Par la cloche d'un départ.
Au surplus, à sa manière
Toute cloche peut sonner...

Moi, celle que je préfère,
C'est la cloche du dîner.
Sonnez, sonnez, sonnez, cloches,
A table, rappelez-nous,
Je voudrais bien, sans reproche,
N'entendre jamais que vous !
   Sonnez, sonnez, (*bis.*)
Je voudrais, joyeuse cloche,
N'entendre jamais que vous !

La musique se trouve chez M. Meissonnier fils, édit., 18 rue Dauphine, à Paris.

LE 16 JUILLET 1857

AUX MANES DE BÉRANGER

Air de *Fleur des champs.*

O Béranger ! hier dans l'ombre,
Pour jamais tu t'es endormi,
La France, aujourd'hui morne et sombre
Pleure son plus loyal ami !
Car sans la flatter dans sa gloire,
De ses succès, de ses revers,

Ta main sut retracer l'histoire,
Par tes impérissables vers.
 Adieu, poëte dont la lyre,
 Soumise toujours à tes lois,
 Lasse, de servir ton délire,
 Hier se brisa sous tes doigts.

Colorant d'un éclat magique
Les causes, les événements,
Ta parole austère, énergique,
Fut féconde en événements.
Ta pensée immortelle et grande
Projetait en nous sa clarté,
Ainsi qu'une incessante offrande,
De puissance et de liberté.
Adieu, etc.

Non, jamais l'ambition folle
Ne vint t'égarer en chemin ;
Jamais tu n'élevas d'idole
Pour l'insulter le lendemain :
Et, mourant de la mort du sage,
Oui, tes jours trop vite écoulés,
Ne laisseront sur ton passage
Que des amis inconsolés !
Adieu, etc.

Tu chantas comme chante l'homme,
Qui sent l'indépendance en soi,

Qui, toujours le front haut, se nomme
Et le regard fier, dit : C'est moi !
Jamais ta voix grave et sévère,
Ne jeta le dédain moqueur
Sur ce qu'ici-bas l'on révère,
Car tu chantais avec ton cœur.
Adieu, etc.

A. H.

LES BÊTES

Air : *Ça fait plaisir par où ça passe.*

Bienheureux les pauvres d'esprit ;
J'ai lu cela dans certain livre.
Cette maxime est en crédit,
Et je vois bien des gens la suivre.
Exempt de tracas et d'ennuis,
Rien ne me fatigue la tête :
Je dors, je bois, je mange et dis : (*bis.*)
Ah ! qu'on est heureux d'être bête.

Un savant, un homme d'esprit,
Demeure dans mon voisinage ;

Le pauvre hère, sans crédit,
Se niche au quatrième étage.
Il croit s'enrichir en rêvant
A la futile chansonnette :
Moi, le bien me vient en dormant. (*bis.*)
Ah ! etc.

Dans le cabaret du voisin
Le vin est parfois détestable ;
Il le fait toujours sans raisin,
D'honneur ! il n'est pas supportable.
Et, pourtant, dans ce cabaret
En foule chacun fait emplette.
On s'empoisonne avec son clairet. (*bis.*)
Ah ! etc.

Hortense, à la fleur de ses ans,
Eprouva fâcheuse aventure,
Du plus barbare des amans
Elle a reconnu l'imposture.
Mondor, à son air enfantin,
Se trompe, épousant la grisette :
Il est papa le lendemain. (*bis.*)
Ah ! etc.

LEFEBVRE (aîné).

OU VAS-TU, PETIT OISEAU ?

CANTILÈNE

Chantée par M. Amat, aux concerts du *Ménestrel*.

Paroles de M. Th. Séguret.

Musique de M. L. Amat.

Rêve, parfum ou frais murmure,
Petit oiseau, qui donc es-tu ?
— Je suis l'amant de la nature,
Créé par Dieu, par lui vêtu !
Je suis un prince sans royaume !
Je suis heureux, peu m'importe où !
Et malgré tout ce qu'en dit l'homme,
Je suis le sage, il est le fou !   (bis.)
— Rêve, parfum ou frais murmure,
Petit oiseau, qui donc es tu ?
— Je suis l'amant de la nature,
Créé par Dieu, par lui vêtu !

— Dans tes chansons, toujours joyeuses,
Petit oiseau, que chantes-tu ?

— Je chante mes plumes soyeuses,
Ma liberté, mon bois touffu !
Je chante l'astre qui rayonne,
Et ma compagne et nos amours !
Je chante le Dieu qui me donne
Le grain de mil et les beaux jours ! (*bis.*)
— Dans tes chansons, toujours joyeuses,
Petit oiseau, que chantes-tu ?
— Je chante mes plumes soyeuses,
Ma liberté, mon bois touffu !

— De nos bosquets, hôte infidèle,
Petit oiseau, dis, où vas-tu ?
— Je vais où me porte mon aile,
Vers l'avenir, vers l'inconnu !
Je vais où va l'homme moins sage :
Tous deux même but nous attend ;
Nous faisons le même voyage,
L'un en pleurant, l'autre en chantant ! (*bis*)
— De nos bosquets, hôte infidèle,
Petit oiseau, dis, où vas-tu ?
— Je vais où me porte mon aile,
Vers l'avenir, vers l'inconnu !

— Mais au terme de ton voyage,
Petit oiseau, qu'espères-tu ?
— J'espère le repos du sage,
Si doux au voyageur rendu !
J'espère au Dieu de la nature

Rendre ce qu'il m'avait prêté :
Ma plume blanche et ma voix pure,
Mon innocence et ma gaîté !   (bis.)
— Mais au terme de ton voyage,
Petit oiseau, qu'espères-tu?
— J'espère le repos du sage,
Si doux au voyageur rendu !

La musique se trouve chez MM. Heugel et Cᵉ, 2 bis, rue Vivienne.

CHANSON A BOIRE

ou

LE BON VIEUX TEMPS PASSÉ

AIR : *Ton humeur est Catherine.*

Que Phœbus gîte dans l'onde
Ou là-haut fasse son tour,
Je bois toujours à la ronde ;
Le vin est tout mon amour.
Soldat du fils de Sémélé,
Tout le tourment qui me poind,

C'est quand mon ventre grommelle,
Faute de ne boire point.

Aussitôt que la lumière
Vient redorer nos coteaux,
Je commence ma carrière
Par visiter mes tonneaux.
Ravi de revoir l'aurore,
Le verre en main je lui dis :
Vois-tu, sur la rive du Maure,
Plus qu'à mon nez, de rubis?

Le plus grand roi de la terre
Quand je suis dans un repas,
S'il me déclarait la guerre,
Ne m'épouvanterait pas :
A table, rien ne m'étonne,
Et je pense, quand je bois,
Si là-haut Jupiter tonne,
Que c'est qu'il a peur de moi.

Si quelque jour, étant ivre,
La Parque arrête mes pas,
Je ne voudrais pas revivre,
Pour changer mon doux trépas :
Je m'en irai dans l'Averne
Faire enivrer Alecton,
Et planterai ma taverne
Dans la chambre de Pluton.

De ce nectar délectable
Les démons étant vaincus,
Je ferai chanter au diable
Les louanges de Bacchus :
J'apaiserai de Tantale
La grande altération,
Et, passant l'onde fatale,
Je ferai boire Ixion.

Au bout de ma quarantaine,
Cent ivrognes m'ont promis
De venir, la tasse pleine,
Au gîte où l'on m'aura mis :
Pour me faire une hécatombe
Qui signale mon destin,
Ils arroseront ma tombe
De plus de cent brocs de vin.

De marbre ni de porphyre
Qu'on ne fasse mon tombeau ;
Pour cercueil je ne désire
Que le contour d'un tonneau,
Et veux qu'on peigne ma trogne
Avec ces vers à l'entour :
« Ci-gît le plus grand ivrogne
« Qui jamais ait vu le jour. »

Maître Adam,
Menuisier de Nevers.

CHANSON A MANGER

PARODIE DE LA CHANSON DE MAÎTRE ADAM

AIR : *Aussitôt que la lumière.*

Aussitôt que la lumière
Vient éclairer mon chevet
Je commence ma carrière
Par visiter mon buffet.
A chaque mets que je touche
Je me crois l'égal des dieux,
Et ceux qu'épargne ma bouche
Sont dévorés par mes yeux.

Boire est un plaisir trop fade
Pour l'ami de la gaîté :
On boit quand on est malade,
On mange en bonne santé.
Quand mon délire m'entraîne,
Je me peins la Volupté
Assise, la bouche pleine,
Sur les débris d'un pâté.

A quatre heures, lorsque j'entre
Chez le traiteur du quartier,

Je veux toujours que mon ventre
Se présente le premier.
Un jour les mets qu'on m'apporte
Sauront si bien m'arrondir,
Qu'à moins d'élargir la porte
Je ne pourrai plus sortir.

Un cuisinier, quand je dîne,
Me semble un être divin
Qui, du fond de sa cuisine,
Gouverne le genre humain.
Qu'ici-bas on le contemple
Comme un ministre du ciel,
Car sa cuisine est un temple
Dont les fourneaux sont l'autel.

Mais, sans plus de commentaires,
Amis, ne savons-nous pas
Que les noces de nos pères
Finirent par un repas,
Qu'on vit une nuit profonde
Bientôt les envelopper,
Et que nous vînmes au monde
A la suite d'un souper?

Je veux que la mort me frappe
Au milieu d'un grand repas,
Qu'on m'enterre sous la nappe
Entre quatre larges plats,

Et que sur ma tombe on mette
Cette courte inscription :
« Ci-git le premier poëte
« Mort d'une indigestion ! »

DÉSAUGIERS.

CHANSON A DORMIR

RÉPONSE AUX CHANSONS A BOIRE

Air connu.

Plus de chansons d'amour, plus de chansons à
[boire,
J'en dis autant des chansons à manger ;
Moi qui ne saurais plus, dont je crains
[d'enrager,
Tirer de tout cela plaisir, profit et gloire,
Bornant désormais mon déduit
A bien ronfler toute la nuit,
Quand je m'escrime
Encor de la rime
Pour me divertir,
Je fais des chansons à dormir. (*bis.*)

La nature elle-même au sommeil nous convie ;
Et ne vaut-il pas mieux dormir comme un
[sabot
Que d'être bel esprit, et passer pour un sot,
En se privant d'un bien le plus doux de la vie ?
  On morgue son mauvais destin
  En dormant du soir au matin,
    Et le grand âge
   Est l'heureux partage
    Qu'on voit avenir
A celui qui sait bien dormir. (*bis.*)

Le plaisir d'être au lit cède-t-il à quelque
[autre ?
 Quand on est las du grand travail du jour,
De tant boire et manger, de tant faire l'amour,
Qu'à son aise on s'étend, on s'allonge, on se
  Et qu'ensuite d'un grand réveil [vautre,
  Un doux et tranquille sommeil
    Bannit de l'âme
   Et d'homme et de femme
   Soins et déplaisir,
Est-il rien tel que de dormir ? (*bis.*)

A voir un voyageur de l'air dont il repose,
 Dirait-on pas qu'oubliant ses travaux
Il trouve un si grand goût en ce profond repos
Qu'il ne voudrait quasi jamais faire autre
  Aussi le premier qui dormit [chose ?

Tant de contentement y prit
    Qu'il dort encore,
    Et ce qu'on ignore,
    Prêt à revenir,
C'est qu'il n'est pas soûl de dormir. (*bis*.)

Que la plupart des gens font un sot personnage!
  L'un toujours rit, l'autre est toujours cha-
                                          [grin,
Celui-ci trop dévot, cet autre trop mondain,
L'un trop bon ménager, l'autre un gâte-mé-
    Ceux-ci se perdent en excès,   [nage;
    Ceux-là se mangent en procès,
        Un autre gronde
        Et fort peu de monde
        Sachant bien agir,
Ne vaudrait-il pas mieux dormir? (*bis*.)

Quand la saison des ris se trouve terminée,
  Qu'on n'est plus bon qu'à souffler les tisons,
Il se faut faire honneur d'imiter les lirohs
En dormant avec eux la moitié de l'année.
    Mais dès qu'on en est là réduit,
    Adieu bonsoir et bonne nuit;
        Cela se nomme
        Ébaucher le somme,
        Si long à finir,
Qu'on va chez les taupes dormir. (*bis*.)

                HONORÉ HALBERT.

LE ROULEAU

Air : *On dit que je suis sans malice.*

Afin d'égayer mainte fête,
Je roule toujours dans ma tête
Quelques refrains qui mettent en train
Tous les convives d'un festin ;
Mais ma volonté devient vaine,
Je sens se refroidir ma veine,
Plus de refrain qui soit nouveau,
Je suis au bout de mon rouleau.

Lorsque l'on veut former son style
Combien le latin est utile !
Virgile, Horace, Cicéron,
Nous mènent seuls à l'Hélicon ;
Par malheur, pendant mon enfance,
J'ai négligé cette science,
Et lorsque j'ai dit mon credo
Je suis, etc.

Sans posséder un seul domaine,
Je me croyais, l'autre semaine,
Le plus riche de ce pays :

J'avais un rouleau de louis,
Voulant bien finir ma journée,
Au jeu je fis une tournée ;
Le soir grâce au double zéro,
J'étais au, etc.

Je suis un bon convive à table,
J'aime que le vin soit potable,
Riant et chantant de bon cœur,
Je tiens tête au meilleur buveur ;
Mais quand ma raison déménage
Je m'arrête, car je suis sage,
Et dis : roulant sous le tonneau,
Je suis, etc.

Mme COUPARD.

LES QUATRE AGES DU CŒUR

ROMANCE

Chantée par M. POULTIER, de l'Opéra,
aux concerts du Ménestrel.

Paroles de M. E. PLOUVIER, musique de M. E. ARNAID

Petit enfant, j'aimai d'un amour tendre
Ma mère et Dieu, saintes affections !

Puis, mon amour aux fleurs se fit entendre,
Comme aux oiseaux et comme aux papillons.
J'aimai d'amour jusqu'au Soleil superbe,
J'aimai la brise aux chants harmonieux,
Le ver luisant, cette étoile de l'herbe,
L'étoile d'or, ce ver luisant des cieux !
   C'est l'amour qui dore
   De reflets joyeux
   Le cœur tiède encore,
   Tout cœur jeune et vieux ;
   Ceux-là sont heureux
   Qui sont amoureux,
   Et, sous l'œil des cieux.
   S'en vont deux par deux.

Un peu plus tard, je jurai que ma vie
Appartiendrait à mon premier amour ;
Puis, je connus l'amour de la patrie,
Puis, l'amitié dans mon cœur eut son tour.
Plus tard encor, j'aimais toutes les femmes,
Et tous les arts et toutes les grandeurs ;
J'aurais gagé qu'en moi brûlaient dix âmes,
J'aurais juré qu'en moi, battaient dix cœurs !
   C'est l'amour qui dore, etc.

Homme à la fin, j'eus cet amour austère,
Pour tous sacré, même aux folles amours,
Que devant Dieu, dans un serment sincère,
Avec son nom l'on donne pour toujours !

Dieu m'envoya des enfants nés pour plaire;
Ils m'ont quitté, car l'amour les surprit;
Je les tenais de l'amour de leur mère,
Et puis, un jour, l'amour me les reprit...
    C'est l'amour qui dore, etc.

Et maintenant, au bout de ma carrière,
J'adore encor ma femme en cheveux blancs;
Et je revois mes amours de naguère
Chez les enfants de mes petits-enfants.
J'aime avec toi la terre d'espérance
Que Dieu promet au voyageur rendu,
Et plein d'amour pour la nature immense,
Je m'en irai comme je suis venu...
    C'est l'amour qui dore, etc.

La musique se trouve à Paris, chez MM. Heugel et Ce, éditeurs, 2 bis, rue Vivienne.

REVIENS, MON FILS

ROMANCE

AIR : *Mon âme à Dieu, mon cœur à toi.*

Au sein d'une pauvre chaumière,
Une bonne femme, à genoux,

Disait, dans sa sainte prière,
Dieu pense à lui, Dieu pense à nous.
Il doit pleurer loin de sa mère,
De ses parents, de ses amis.
O mon Dieu, dis-lui qu'il espère,
Et qu'il reverra son pays,
Pour consoler ta bonne mère,
Reviens, mon fils, reviens, mon fils,
  Reviens, mon fils.

Reviens pour apaiser la peine
Que je ressens à chaque instant,
Reviens pour ton aimable Hélène,
Qui te garde son cœur constant,
Reviens pour l'enfant qui t'est chère
Et qui semble te dire aussi :
Pour m'embrasser, reviens, mon père.
Pour consoler ta bonne mère,
Reviens, tu manques au pays.
Reviens, mon fils, etc.

Reviens pour essuyer mes larmes
Et pour adoucir mes vieux jours ;
Pour ta mère laisse tes armes,
Reviens près de moi pour toujours.
Disant ces mots, la bonne mère
Entend résonner un fusil,
C'était son fils, son pauvre Pierre,
Venant glorieux au pays,

Une croix à sa boutonnière
Revint son fils, revint son fils,
Revint son fils.

    J. A. SÉNÉCHAL.

PAUL AU TOMBEAU DE VIRGINIE

Air connu.

Repose en paix, ma Virginie,
Le repos n'est pas fait pour moi.
Hélas! le monde entier sans toi
N'a rien qui m'attache à la vie;
Le plaisir ainsi que la peine,
Tout passe avec rapidité.
Notre vie est une ombre vaine
Qui se perd dans l'éternité.
A nos deux cœurs l'amour barbare
Offrait un riant avenir,
Et la mort, la mort nous sépare;
C'est pour bientôt nous réunir.

Partout ton image tracée
S'offre à mes tendres souvenirs.

Ton nom présent à ma pensée
S'échappe à travers mes soupirs;
L'horreur de la nuit la plus noire
Seule convient à ma douleur,
Il faudrait perdre la mémoire
Quand on a perdu le bonheur.
Repose en paix, etc.

Que tu savais rendre touchante
La vertu qui t'embellissait!
Oh! comme elle était attrayante
Quand ta bouche nous l'inspirait.
Le besoin de la bienfaisance
A ton cœur se faisait sentir;
Et quand tu peignais l'innocence,
Ton front n'avait point à rougir.
Repose en paix, etc.

Cruel départ! fatal voyage!
La mort l'attendait au retour;
Pourquoi dans le même naufrage
Paul n'a-t-il pas perdu le jour?
Tendre épouse, sensible amie,
Pouvais-tu vivre loin de moi,
O Virginie! ô Virginie!
Je suis plus à plaindre que toi.
Repose en paix, etc.

C'est là, sur ce triste rivage

Que j'achèverai de mourir;
L'écho de ce rocher sauvage
Redira mon dernier soupir;
Je veux pleurer toute ma vie
Le jour qui put nous séparer;
Mais console-toi, mon amie,
Paul n'a plus longtemps à pleurer.
Repose en paix, etc.

BELLE.

LES PLAINTES DE LA VIOLETTE.

ROMANCE IMITÉE DE GOETHE

AIR : *Avec les jeux*, etc.

De sa vapeur fugitive
Les airs étaient parfumés
Elle reposait craintive
Sous ses voiles embaumés.
On m'oublie, on me délaisse
Au fond d'un vallon obscur,
Et le Zéphir seul caresse
Mon frais pavillon d'azur.

En vain le jour qui s'éveille
Enflamme les cieux ravis,
Et de sa clarté vermeille,
Inonde au loin leurs parvis.
Jamais l'œil d'une bergère,
Au fond du vallon obscur,
N'épira sous la fougère
Mon frais pavillon d'azur.

Voici Lise ! qu'elle est belle,
Que ne puis-je heureuse fleur,
Briller un instant pour elle,
Et mourir près de son cœur !
Mais Lise qui marche errante
Au fond d'un vallon obscur,
Foule sa tige mourante
Et son pavillon d'azur.

Le déclin de la journée
Aurait flétri mes couleurs :
Plus belle et plus fortunée,
C'est par Lise que je meurs.
Quand tu reviendras, fidèle,
Au fond du vallon obscur,
Zéphir, reçois sur ton aile,
Mon frais pavillon d'azur.

C. NODIER

LA FÊTE DE JEANNETTE

Paroles de M. F.-J. Arnould.

Musique de M. Minard.

J'ai mis l'habit du dimanche,
Pantalon vert, chapeau noir,
Souliers neufs, chemise blanche,
Pour venir ici ce soir :
C'est bien la moindre des choses
Qu'un amoureux soit coquet,
Quand à la reine des roses
Il vient offrir un bouquet.
  De Jeannette
   C'est la fête,
  Pour moi, quel bonheur!
Le moulin au cousin Pierre
Qui tourne sur la rivière
Fait le tic-tac de mon cœur...
  De Jeannette
   C'est la fête,
  Pour moi quel bonheur!

Fleurs que le bon Dieu fait naître
Tous les ans pour mes amours,

Vous serez mortes, peut-être,
Hélas! dans un ou deux jours...
Mais toi, la fleur que j'adore,
Plus belle que mon présent,
Demain tu seras encore
Aussi fraîche qu'à présent!
  De Jeannette
   C'est la fête,
  Pour moi quel bonheur!
Le moulin au cousin Pierre
Qui tourne sur la rivière
Fait le tic-tac de mon cœur...
  De Jeannette
   C'est la fête,
  Pour moi quel bonheur!

Ma future est sans richesse,
Moi je suis riche pour deux;
Elle a pour bien la sagesse
Qui devra nous rendre heureux!
Blanchettes de la prairie,
A qui vous effeuillera
Faites dire, je vous prie :
— Oui, toujours il m'aimera!
  De Jeannette
   C'est la fête,
  Pour moi quel bonheur!
Le moulin au cousin Pierre
Qui tourne sur la rivière

Fait le tic-tac de mon cœur...
　　De Jeannette
　　C'est la fête,
Pour moi quel bonheur !

La musique se trouve chez l'auteur des paroles, rue Dauphine, 27.

LES ANIMAUX

Air : *Ohé ! les p'tits agneaux.*

(COLMANCE)

Ohé ! les animaux
Qui peuplez la nature,
De vos friands morceaux
　J' fais ma nourriture ;
　Servis froids ou chauds,
En daube, à la broche, en friture,
　Soyez ma pâture,

Ohé ! les animaux !
Moutons gras et dodus
Qui broutez dans la plaine,
Avant d'être tondus
J'admire votre laine ;
　Bref, j'aime en deux mots

Vous voir sur la verte fougère,
 Près d'une bergère ;
Mais j'aime encor mieux vos gigots !
 Ohé ! etc.

   Qu'un laboureur joyeux
   Dirige sa charrue,
   J'admire de ses bœufs
   L'encolure charnue.
    Je leur dis : Morbleu !
Livrez-vous au travail champêtre ;
   Mais un jour, peut-être,
Vous viendrez dans mon pot-au-feu.
   Ohé ! etc.

   Moi, d'un lapin savant
   J'admire aussi l'adresse,
   J'en ai vu bien souvent
   Plusieurs battre la caisse ;
    J'disais : Mes mignons,
Malgré vos tours, vos cabrioles,
   Vous seriez plus drôles
Avec du lard et des oignons.
   Ohé ! etc.

   Oiseaux vifs et charmants
   Qui peuplez le bocage,
   On écoute au printemps
   Votre gentil ramage ;

Volant vers les cieux,
J'aime à te voir, vive allouette,
Mais sur mon assiette,
Rôtie, ah! je t'aimerais mieux.
Ohé! etc.

Pigeons, poulets, canards,
Perdrix, chapons, bécasses,
Vous charmez mes regards
En déployant vos grâces;
Et vous, gros dindons,
Un jour j'espère bien, *que diantre!*
Vous farcir le ventre
Avec des truff's et des marrons.
Ohé! etc.

Gastronome et Français,
En vidant la futaille,
Je vous aime à l'excès
Boisson, gibier, volaille;
Sans aucun mic-mac,
Puisqu'il faut qu'hélas! tout succombe,
De bon cœur pour tombe
Je vous offre mon estomac.
Ohé! etc.

ALEXIS DALÈS.

La musique chez M. L. Vieillot, éditeur, rue N.-D.-de-Nazareth, 32, à Paris.

A BÉRANGER

Paroles de M. Auguste Alais.

Air : *Morizot ou d'Asmodée*

ou du *Forçat libéré.*

Muses des bois, rossignols et fauvettes,
Ah! suspendez aujourd'hui vos concerts :
La France, en deuil du plus grand des poëtes,
D'un chant d'adieu fait retentir les airs.
De Béranger la vie intègre et pure,
Que le génie illustra dans son cours,
Vient de finir ; le destin de ses jours
Comme à regret comble enfin la mesure.

REFRAIN

Chantre du peuple et de l'humanité,
La mort pour toi c'est l'immortalité!

Trois quarts de siècle ont fait de ta carrière
Un cycle grand d'honneur et de vertu,
Qui pour nos fils, comme un flot de lumière,
De tout progrès montre le sol battu.

Émule heureux de Pindare et d'Horace,
Au choc vibrant des plus lointains échos,
Comme les vers du chantre de Délos[1],
Des tiens le temps perpétûra la trace.
    Chantre du peuple, etc.

Tu saluas ce siècle à son aurore
Qui promettait tant de gloire à venir,
Que dans ses plis l'étendard tricolore
Semblait si fier de pouvoir contenir.
Mais vint un jour où vendent ses services,
La trahison fit vaincre l'étranger :
De ton pays, ta voix, ô Béranger!
Glorifia toutes les cicatrices.
    Chantre du peuple, etc.

Dans le repos, loin d'éteindre la flamme
Qui t'inspirait pour la gloire et l'honneur,
Tu réchauffais au foyer de ton âme
Les cœurs glacés par le vent du malheur.
Des jeunes gens emportés dans leur course
Vers l'avenir, tu secondais l'essor ;
Les soutenant contre le mauvais sort,
Ton cœur pour eux s'ouvrait comme ta bourse.
    Chantre du peuple, etc.

Barde sacré des lauriers et des roses,

[1]. Homère.

Des pampres verts, des fidèles amours,
Comme Tyrtée aux hymnes grandioses,
Tu peux mourir, tes chants vivront toujours!
Consolateur du pauvre en sa détresse,
Tes gais refrains, échos venus du ciel,
Versent partout l'ambroisie et le miel,
En pleurs d'espoir, en longs cris d'allégresse.
  Chantre du peuple, etc.

Que dire enfin devant ce deuil immense
Qui vient frapper tout un peuple surpris?
Le cœur, la tête et l'âme de la France,
Qui vient frapper la France dans Paris?
O jour néfaste! au sein de tes murailles,
Paris, tes fils, dans leur douleur sans voix,
Silencieux s'inclinent à la fois
Pour saluer de grandes funérailles !
  Chantre du peuple et de l'humanité,
  La mort pour toi c'est l'immortalité!

LA NOCE DE L'AUVERGNAT

Air de *la Gueule à quinze pas.*

J'vas donc pour mon compt' me marier chette fois,
 J'veux créer un' madame Eujtache,

J'épouj' devant l' maire Ijabelle Franchois
   Qui m'apport' chon cœur et cha vache ;
Je commenche à prendre en horreur
Le chot plaijir d'être garchon d'honneur ;
   Enfin, par acte notarié,
   Ch'est à mon tour d'être l' marié.

J' veux qu'on chonn' les cloch's auchi fort qu'à
                                          [Paris
   Pour que chacun ch' mette à la f'nêtre,
J'aurai l'air chi fier qu' tous les gens du pays
   Verront bien qu' ch'est moi qui vais l'être...
   J' mettrai des rubans en chatin,
Rouges, bleus, verts, punaij's et couleur ch'rin ;
   Comme un arc-en-chiel j' ch'rai varié,
   Ch'est à mon tour d'être l' marié.

Quand nous chortirons de chigner l'conjungo,
   J' ch'rons préchédé par une mujette ;
J' veux qu'un gros jouflu chouffle à tir' larigo
   Pour qu'on chach' bien qu' nous chomm's
                                              [de fête ;
   C'hlui qui n' trouv'ra pas d'amujement
Aura l' plaijir de s'embêter gaîment ;
   Il s'ra content d' s'être ennuyé,
   Ch'est à mon tour d'être l' marié.

J' commench'rons l' dîner par une choupe aux
   Avec du lard ch'est chalutaire ;   [choux,

La cuiller debout ch' tiendra d'dans comm'
                                [chez nous,
  Enchuite un plat de pomm's de terre;
Lapin, poichon... Dans les gigots
Je défendrai d' mettre des haricots,
  J' veux pas qu' perchonn' choit achphyxchié,
Ch'est à mon tour d'être l' marié.

Après le dîner un inchtant nous chant'rons,
  Nous entendrons ma tante Laïde ;
Ell' chant' faux, ch'est vrai, comme plusieurs
  Mais ronfl' comme un ophicléide.   [jetons,
  Au r'frain nous frons du bacchanal
Et nous aurons, chi nous chantons tous mal,
  L' plaijir d'avoir bien crié...
Ch'est à mon tour d'être l' marié.

Le bal commench'ra, mais tout bon cavalier
  Doit porter d' la chauchure ferrée,
Un' livre de clous au moins par chaqu' choulier,
  Afin d' bien dancher la bourrée.
  J' frapp'rons à grands coups de talon
Tant qu'il faudra que l' plancher du chalon
  A l'avance choit étayé :
Ch'est à mon tour d'être l' marié.

GUSTAVE LEROY.

LA PIPE

Air de *la petite Margot.*

Vive la pipe! — Elle dissipe
Mélancolie, ennui, mauvaise humeur;
Sur le cigare, — je le déclare,
Elle a le pas aux yeux du vrai fumeur.

Amis, le diable est-il dans votre bourse?
Quelque chagrin vient-il vous assaillir?
Pour vous distraire, il n'est qu'une ressource:
Fumez, fumez, voilà le vrai plaisir.
   C'est un remède
   Auquel tout cède,
Et rien n'égale mon bonheur
   Lorsque j'aspire,
   Avec délire,
Du caporal l'énergique saveur.

Quand sa fumée, ondoyante spirale,
En tournoyant s'élève vers les cieux,
Tout enivré du parfum qu'elle exhale,
Je suis de l'œil son vol capricieux.
   Charme magique,

Plaisir unique,
J'oublie alors ce que je suis ;
Joie et tendresse
Bonheur, richesse
Font de ma vie un charmant paradis.

Se ranimant aux quelques étincelles
Que son tabac laisse échapper soudain,
Le prisonnier rêve qu'il a des ailes
Le malheureux rêve qu'il a du pain.
L'exilé même
De ceux qu'il aime
Croit voir encore les traits chéris :
Douce influence,
Pour lui l'absence,
N'existe plus, il revoit ses amis.

Un jour la mort, cette affreuse camarde,
Viendra s'asseoir au chevet de mon lit,
Le cœur tranquille en fumant ma bouffarde
Je veux narguer son museau décrépit.
Et que m'importe !
Qu'elle m'emporte,
Je suis prêt à sauter le pas,
Si d'aventure
Elle m'assure
Qu'on peut là-haut fumer comme ici-bas.

Vous qui tombez du char de la fortune,

Spéculateurs, ambitieux déçus,
Amants trompés par la blonde ou la brune,
Vous, candidats qui n'êtes pas élus ;
    Allons, courage,
    Faites usage
  De ce topique souverain.
    Plus de tristesse,
    Fumez sans cesse,
Fumez encore et chantez mon refrain :
  Vive la pipe ! — Elle dissipe
Mélancolie, ennui, mauvaise humeur ;
Sur le cigare, — je le déclare,
Elle a le pas aux yeux du vrai fumeur.

                        BOREL.

LA LOCOMOTIVE

Paroles de V. RABINEAU. Musique de A. MACQUERIE

Nautonnier, chante la gondole
Qui te berce sur le flot bleu :
Moi, je chante aussi mon idole,
C'est ma gondole au cœur de feu !
J'aime à te voir maîtresse bien-aimée,
Ardent courrier des grandes nations,

Coquettement dérouler ta fumée
En molles ondulations.
　O ma locomotive !
　Quand ton âme captive
　En vapeur fugitive
　　Sort de tes flancs
　　　Brûlants,
　Tu pars, belle d'audace,
　Tu dévores l'espace,
　Et ta colonne passe　　} bis.
　　Comme l'éclair
　　　Dans l'air.

Le peuple qui t'aime, ô ma reine !
T'accueille par de longs bravos.
Et pour niveler ton arène,
Se voue à d'immenses travaux,
Une montagne orgueilleuse se lève,
Obstacle vain ! si l'art ne l'aplanit,
Ouvre sa base et plonge comme un glaive
　Dans ses entrailles de granit !
　　O ma locomotive ! etc.

Victoire ! il n'est plus de distances
Tu renverses sur ton chemin
Les despotiques résistances.
Où se heurtait le genre humain,
L'homme a compris ta mission féconde ;
A ses faux dieux il renonce, irrité ;
Char du Progrès, vole, et porte au vieux monde

17

La Paix, l'Amour, la Liberté,
O ma locomotive! etc.

La musique se trouve chez M. Vieillot, édit., rue N.-D.-de-Nazareth, 32.

LE CHANT DU ZOUAVE

Air du Louvetier.

(PAUL HENRION)

Amis, pour nous quel jour de fête,
C'est aujourd'hui grand branle-bas,
A marcher au feu qu'on s'apprête, } bis.
Le danger nous attend là-bas;
Marchons, pour nous, c'est jour de fête,
  Jetons le cri vainqueur,
L'ennemi fuit, de sa défaite
  A nous l'honneur!

L'air frissonne au bruit des clairons,
Le canon part, le feu commence,
Partout, régiments, escadrons,
Du sol dévorent la distance;
C'est l'instant où la main du sort
Donne la victoire ou la mort;

Gloire au plus vaillant,
Zouave, en avant !
Marchons, Marchons !   (bis.)
　Amis, etc,

On sait que notre régiment
Quand il se bat peut en découdre ;
Il aime par tempérament
L'éclat et l'ardeur de la poudre.
Soit au nord ou soit au midi,
Il charge à fond et tout est dit,
　Prompt comme le vent,
　Zouave, en avant !
　Marchons, Marchons !   (bis.)
　　Amis, etc.

Pour adversaires, chaque fois,
Au jour ou bien dans la nuit sombre,
Le Zouave toujours fait choix,
Sans jamais s'occuper du nombre,
D'un ennemi vaillant et fort,
Sachant lutter contre la mort ;
　Sur lui plein d'élan,
　Zouave, en avant !
　Marchons, Marchons   (bis.)
　　Amis, etc.

Hardi lutteur, mais noble et franc,
Quand vient le jour d'un armistice,
Il sait rendre au vaincu souffrant

Le plus qu'il peut le sort propice;
A sa misère, en frère humain,
Il donne sa bourse et sa main;
  Puis, il part chantant,
  Zouave, en avant!
  Marchons, Marchons! (*bis*.)
    Amis, etc.

Adieu, Crimée où nous laissons
Des traces de notre passage,
Sac au dos nous nous élançons
Vers l'Afrique au brûlant rivage :
Du zouave, c'est le berceau,
De sa gloire il porte le sceau
  Qu'il a de sang
  Arrosé souvent!
  Marchons, Marchons!
    Amis, etc.

AUGUSTE ALAIS.

LES FARFADETS

DIABLERIE

Paroles et musique de GUSTAVE LEROY.

Dansez, dansez, farfadets,
  Satan vous invite :

Dansez, dansez, sautez vite,
　　Gais esprits follets;
　　Spectres et fantômes,
Sortez tous de vos tombeaux.
　　Squelettes et gnomes,
Divertissez-nous par vos chants infernaux.
　　Tra la, la, la, etc., etc.

Quittez, quittez vos demeures antiques,
Venez errer sur ces poudreux débris,
Et répétez, dans vos chants fantastiques :
Mortels, c'est là, c'est là que fut Paris !
　　Dansez, dansez, farfadets,
　　Satan vous invite, etc.

Satan, ce soir, donne un bal magnifique,
Mais pour l'orchestre il n'a pas d'instruments :
Sautez, dansez, vous aurez pour musique
Le bruit fêlé de vos secs ossements.
　　Dansez, dansez, farfadets,
　　Satan vous invite, etc.

Voulant aussi plaire aux âmes mortelles,
L'ange déchu que l'on nomme Satan
A convié les femmes infidèles,
L'enfer, hélas ! sera-t-il assez grand ?
　　Dansez, dansez, farfadets,
　　Satan vous invite, etc.

Pour que, ce soir, le plaisir soit sans bornes
Et méprisant un costume banal,
Satan ne veut que des êtres à cornes,
Que de maris nous aurons à ce bal!!!
  Dansez, dansez, farfadets,
   Satan vous invite, etc.

Plus d'un auteur, dans son drap mortuaire,
Honorera nos plaisirs bien conçus :
Nous possédons des esprits sur la terre,
Quand les auteurs en manquent tant dessus.
  Dansez, dansez, farfadets,
   Satan vous invite, etc.

Puis nous aurons des chansonniers aimables
Dont la goguette a redit les accords :
Piron, Panard, Debraux sont de bons diables,
Et leurs chansons réveilleraient des morts.
  Dansez, dansez farfadets,
   Satan vous invite, etc.

La musique se trouve chez M. L. Vieillot, édit.,
rue N.-D.-de-Nazareth, 32.

LE CLOU

ROMANCE DÉDIÉE A SA TANTE PAR L'AUTEUR

Paroles de Leriche, musique de A. Marquerie

Le clou,
Le clou,
Et toujours le clou ;
Quand on n'a pas l'sou,
Vive le clou !

Quoi ! l'on n'a pas fait une ode
Pour célébrer tes bienfaits ;
Institution commode
Où nous serrons nos effets !
Le clou, etc.

Quant à moi, chaque semaine
Tu me tires d'embarras ;
Cossu, je t'offre une chaîne,
Râpé, je t'offre mes draps.
Le clou, etc.

Mon cœur pour ta bienfaisance
Te voue un culte constant ;
Toujours la reconnaissance

M'accompagne en te quittant.
　　　Le clou, etc.

Il faut qu'au ciel on te triche,
Mon bon vieux saint Clou, vois-tu ;
Au lieu d'être le plus riche,
Tu n'es que le plus pointu.
　　　Le clou, etc.

Et combien de demoiselles,
Te hantant *in secreto*,
Vont suspendre leurs dentelles
A ton temple *in ex-voto*.
　　　Le clou, etc.

Aujourd'hui de la débine
Le spectre chez moi s'assied
Comme ma montre Lépine
Va me la tirer du pied.
　　　Le clou, etc.

Une montre est embêtante,
Un rien et c'est dérangé...
Courons vite, chez ma tante
Je veux voir mon or logé.
　　　Le clou,
　　　Le clou,
　Et toujours le clou ;
　Quand on n'a pas l'sou,
　　　Vive le clou !

La musique se trouve chez M. L. Vieillot, édit., rue N.-D.-de-Nazareth, 32.

LE DIMANCHE DU P'TIT PICHU

Paroles de L.-C. Durand et H. Demanet

Musique de Mme Antonia Tissot (née Mévard).

Sapristi ! que j'suis content aujourd'hui
   Je suis d'la fête, aussi   [vaillants,
J'm'en vas fair' ma tête avec mes quinz' sous
Sapristi ! que j'suis content aujourd'hui
   Je suis d'la fête, aussi   [vaillants,
J'm'en vas fair' ma tête avec mes quinz' sous
J'ai d' l'argent, j'ai d' l'argent, j'ai d' l'argent,
            [j'ai d' l'argent !

  J'ai travaillé comme un homme
    Tout' la s'maine, sur ma foi,
  L' patron qui m'aim', Dieu sait comme,
    M'a dit : Je suis content d' toi !
  Comm' c'est aujourd'hui dimanche,
    V'là quinz' sous pour t'amuser ;
  J'ai passé ma chemis' blanche,
    Après m'avoir fait friser.

(Parlé.) Dix centimes avec la pommade au caoutchouc, rue de la Boucherie, n° 9 ancien, premier étage au-dessus de trois entre-sols, chez le père Coupetout, au rasoir éternel ; frisé par la main des grâces dans la personne d'une maigre, assistée de deux cousines *Germaines* que j'ai reconnues à leur accent *germanique*, ou pour dire mieux à leur *signe allemand;* l'une en possession d'un beau *port de mère*, l'autre sèche comme une *poire tapée*, quoiqu'un peu moins *mûre*, ayant le nez comme une *framboise* et le teint couleur *abricot;* bref, j'aurais donné ces deux andalouses pour cinquante-six sous, disons le mot pour *deux francs seize;* aussi là dedans gêné dans mes entournures, après m'être allégi de mes deux *ronds*, j'ai pris la porte du *carré;* de là, coiffé comme l'amour... en chérubin, leste comme un *lièvre*, agile comme un *singe*, je cours comme un *cerf* jouer au *chat*, au saut de *mouton* ou au *cheval* fondu, que je ne vois pas avec *dédain*, et vive la joie du dimanche ! c'est dommage qu'il n'y en ait pas quatre ou cinq par semaine.

Sapristi ! etc.

Moi, je n' connais pas d'obstacle,
Dès que j' veux fuir' le flambant,
J'vas m'en aller au spectacle,
Au Nazar, p't-être au Funan ;
Puisque ma bourse est garnie,

J'peux bien me faire des cadeaux ;
J'vas m' payer d' la sucrerie
Et des fruits et des gâteaux.

(Parlé.) Oh ! la friandise, c'est mon élément ! les gâteaux m'ont gâté ! Moderne *Savarin*, qui devrait être un *saint honoré*, j'aime à tomber sur le *flan*, je ne sais si c'est parce que je couche sur une *galette*; je fais des *brioches* quelquefois, mais je les mange avec *plaisir* ; et les *chaussons*, je ne les foule pas aux pieds ; quitte à me voir mettre à l'*amende*, je pèche... souvent pour des *prunes*, mais pour *guigner* un fruit de nouvelle *date* c'est à moi la *pomme*, et si quelque *moricaud* croit me coller la *châtaigne*, je le fais *marron* et je lui paye des *cerises*. Pendant que je cause là l'heure se passe, en attendant celle du spectacle que ferais-je bien ? une partie de *bouchon* ? Je préférerais une *bouteille*... pourtant j'aime encore mieux le *tonneau*, c'est plus grand ! J'ai lu dans la *mite au logis* que ce jeu vient de la *Perse*, et fut inventé par un amant de *Latone*, laquelle aimait beaucoup le fromage de *bonde*.... Oui ! mais si je joue... je peux perdre, et quand je perds ça me coûte ; or, parce que je suis en *fonds*, il ne faut pas que je m'*enfonce*; tout bien pesé, j'aime encore autant faire la queue, c'est le moyen qu'on ne me la fasse pas; en route, et vive les omnibus à trois sous.

Sapristi ! etc.

En sortant d'apprentissage,
Quand je saurai mon métier,
D' mon argent j' ferai bon usage.
Afin de bien m'habiller ;
Je m'paîrai, pour ma toilette,
Un gilet couleur citron,
Des bott's, un' joli casquette
Avec un habit marron.

(Parlé.) Quand la nature vous donne des avantages, il ne faut pas qu'on les néglige, car « toujours la parure embellit la beauté » comme dit la chanson; aussi, quand je pourrai me couvrir de vêtements *chouettes*, je veux être *encore beau* davantage, de façon à ce qu'on me prenne pour un prince ou... pour un charcutier sur son trente et un... Puis quand j'aurai de la *mitraille* de poche, me transportant dans les *bals*, j'entrerai comme un *boulet* au milieu des *bataillons* de belles, les chargeant à la *baïonnette*, je battrai leurs cœurs en *brèche* pour les emporter d'*assaut*.

Je lève d'avance mon étendart
Sans craindre le trait qui de leurs *rangs part*.

On se permet le calembourg... Mais pour que tout ça se réalise, en attendant le *livret* de la caisse d'épargne, il me faut *celui* d'ouvrier ; comme on le gagne à force de travail, je suis bien sûr de l'obtenir avant peu... C'est une bonne chose après tout que le travail, et qui m'empêche de comprendre la paresse ; j'ai pioché pendant six jours, j'en ai la récompense dans mon gousset. Tu t'es reposé toi, fainéant ? Dors, pendant que je rigole à tes dépens !... Laissez passer la justice de Pichu ! (Frappant sur sa poche.) Zigue ! zigue ! zigue....

Sapristi ! etc.

Ouvrier, les camarades
M'admettront à leur écot,
Comme eux j'boirai des rasades,
Je m' régal'rai d' bon fricot ;
C'est alors que j' ferai la noce,
Les dimanches et les lundis,
Je m' ferai rouler en carrosse
De Pantin jusqu'à Paris.

(Parlé.) Devenu homme !... lorsque j'aurai... des *moustaches !* je veux avoir mes *favoris*... mes préférés, disons mieux... si quelqu'un me faisait la *barbe*... rasé !... plus *mèche* de m'en faire accroire !... Mais à l'amitié vraie (car, selon moi, l'amitié c'est une valeur qui se paye avec la monnaie de sa pièce), si je trouve un ami qui me choie comme un *frère*, je l'estimerai comme une *mère*, et je marcherai de *pair* avec lui... Alors rigolichades dans les lieux les plus chocnosophes, tels qu'au *Lapin couronné*, au *Veau qui tette*, à la *Truie qui file*, au *Bœuf à la mode*, au *Chien à trois pattes*, au *Chat qui pêche*. Enfin, tous endroits pas bêtes !... Pour m'y rendre en *diligence*, je prendrai l'omnibus, et si dans le trajet je rencontre quelque *Dame blanche*, dont je puisse faire ma *favorite* également, qu'elle soit *Parisienne* ou *Batignolloise*. O ! ma *Citadine*, lui dirais-je, deviens mon *hirondelle*; si elle consent j'en fais une *Dame française* de plus. Mais pendant que je m'*échauffe* je ne *brûle* pas le pavé; voici un épicier qui a une *pendule* dans sa *montre*... Cré mâtin ! si je veux m'amuser il ne faut pas que je m'amuse... Décidément on a beau dire : la fortune rend bien heureux.

Sapristi ! etc.

Qu'est-ce que j' vois ? C'est un' pauvr' femme
    Qui d'mande, et ses deux enfants
Sont pieds nus; ça me fend l'âme,

Ah ! pour moi plus d'amus'ments !
D' voir cett' pauvr' femme qui mendie,
Les larmes me viennent aux yeux,
Adieu, gâteaux, comédie,
J'aim' bien mieux faire trois heureux !

(Parlé.) Pauvres gens !... qui, pendant que chacun se promène en quête d'un plaisir ou d'une soirée joyeuse, sont là tristement à regarder le bonheur de tout ce monde qui dans sa gaîté ne les voit seulement pas... qui sont là, couverts de haillons au milieu de toutes ces brillantes toilettes, se cachant lorsque la foule se pavane au grand air, et qui, pour demander de quoi vivre, encourent le danger d'être pris à chaque instant ; ils se coucheront peut-être ce soir sans pain, pendant que sur la banquette d'un théâtre je dévorerai des friandises, du superflu, tout en m'égayant aux farces de Pierrot ou de Polichinelle... Mais pour ces pauvres petits enfants, le spectacle, c'est un grenier qui ne les abrite pas contre le mauvais temps... avec un brin de paille pour dormir pêle-mêle... Des gâteaux pour eux, c'est une croûte dure ou noire qui ne les rassassie pas toujours... et je pourrais m'amuser tranquillement lorsque je vois de pareilles misères ? Je rirais de bon cœur en pensant à ces malheureux ?... Non ! l'ichu...

écoute une bonne idée... Tenez, brave femme!
tenez, voici ma bourse... elle n'est pas grosse,
mais c'est tout ce que j'ai... Faites faire le
dimanche à vos petits, ça ne leur arrive pas
si souvent... Il n'y a pas besoin de me re-
mercier, la chose n'en vaut pas la peine...
Au revoir et bonne chance.... Et maintenant
foulons le bitume jusqu'à la retraite, la poche
légère, mais la conscience idem. Eh! ma foi,
je ne savais pas que ça procurait tant de bien
de faire une belle action.

 Sapristi que j'suis content
 Aujourd'hui que j'suis d' la fête
 J' n'ai plus l' sou, ma noce est faite;
 Mais j' suis joyeux tout autant,
 J' suis content, j' suis content.

En vente chez M. L. Vieillot, édit., rue N.-D.-de-
Nazareth, 32.

L'EAU VA TOUJOURS A LA RIVIÈRE

Air : *J'étais bon chasseur autrefois.*

Amis, il est un fait certain
Que ne doit ignorer personne;
La Moselle s'unit au Rhin,
Et la Dordogne à la Garonne;

L'Oise dans la Seine se rend,
Le Rhône se joint à l'Isère.
Et, bien ou mal, voilà comment
L'eau va toujours à la rivière.

Armateur, jadis porteur d'eau,
Mondor, qui se nommait Antoine,
Achète, équipe maint vaisseau;
L'Océan est son patrimoine;
Humble autrefois, fier aujourd'hui,
Au Pactole il se désaltère,
Et les faveurs pleuvent sur lui :
L'eau va toujours à la rivière.

L'ami Vigier, tous les matins,
Chez lui voit accourir la foule;
Et tant qu'il coulera des bains,
Nous ne craignons pas qu'il se coule.
Vigier roule et nage dans l'or,
Sa fortune est liquide et claire,
Et chaque été la double encor :
L'eau va toujours à la rivière.

Un Jean-Baptiste, vigneron,
Ayant adopté pour système
D'imiter en tout son patron,
Honorait son vin du baptême.
Un jour la Seine débordant
Vient inonder sa cave entière.

Il devait prévoir l'accident :
L'eau va toujours à la rivière.

Je voulais boire ce matin
A la source de l'Hippocrène :
Vous m'avez coupé le chemin,
Et je reviens tout hors d'haleine.
Chaque mois vous m'opposerez
Cette insurmontable barrière ;
Plus vous buvez, plus vous boirez :
L'eau va toujours à la rivière,

     A. DÉSAUGIERS.

MARIEZ-VOUS!

NE VOUS MARIEZ PAS

Air des *Deux Edmond.*

— On doit s'accoupler sur la terre,
Ne point vivre en célibataire,
L'usage ainsi s'adresse aux fous...
  Mariez-vous   (bis.)
Le conjungo que l'on adore
Messieurs, c'est la boîte à Pandore,

La source des maux d'ici-bas...
    Ne vous mariez pas !   (*bis*.)

Épris d'une fille accomplie :
Gracieuse, aimable et jolie,
Son cœur s'obtient à ses genoux...
    Mariez-vous !   (*bis*.)
Hélas ! l'épine est sous la rose,
De pleurs trop souvent on l'arrose...
Il est des beautés sans appas !
    Ne vous mariez pas !   (*bis*.)

Que serait l'homme sans la femme ?
Un corps dépouillé de son âme !...
Allons, pour faire des jaloux,
    Mariez-vous !   (*bis*.)
De Cupidon craignez l'empire :
L'hyménée en fait un vampire
Qui ressemble au dieu des combats...
    Ne vous mariez pas !   (*bis*.)

Blaise est fier de voir sa famille
S'accroître comme la chenille :
Ne fût-il père... il est époux !
    Mariez-vous !   (*bis*.)

Pour vivre en bonne indépendance,
Boire, et sans cesse, en abondance,
Faisant par jour quatre repas,
    Ne vous mariez pas !   (*bis*.)

Afin qu'à votre heure dernière
Épouse, enfants, par la prière
Du ciel déplorent le courroux,
  Mariez-vous! (*bis.*)
Garçon, quand la mort le moissonne,
Rien ne survit à sa personne!...
C'est un sommeil que son trépas,
  Ne vous mariez pas! (*bis.*)

      F.-J. ARNOUD.

LA CHANTEUSE DES RUES

CHANSONNETTE

Paroles de Victor RABINEAU,

Musique de A. MARGUERIE.

Je suis la chanteuse des rues,
 La fauvette (*bis*) des carrefours;
A mes accords les foules accourues
  M'encouragent toujours. (*bis.*)
Tour à tour grave, ou légère ou touchante,
  Je chante (*bis.*)
La liberté (*bis*), la gloire et les amours. (*bis.*)
 Ah! ah! ah! ah! ah! ah!

Qui vient là-bas? Une joyeuse troupe;
Un peu de vin les a faits un peu fous.
Qu'autour de moi chacun de vous se groupe,
Gais travailleurs, j'ai des refrains pour vous.
  Faut-il, si la journée
  A table est terminée,
  Qu'en bruyante tournée
  La chanson fasse loi?
   Ecoutez-moi!
   Ecoutez-moi!
Je suis, etc.

Jeune beauté, vous que sur son cœur presse
Celui qu'un jour vous voulez rendre heureux,
Je sais pour vous de ces chants de tendresse
Que vous demande un regard amoureux.
  En vain votre œil l'évite;
  Quand sa voix vous invite,
  Votre cœur bat plus vite,
  Tremblant d'un doux émoi.
   Ecoutez-moi!
   Ecoutez-moi!
Je suis, etc.

Pour vous, soldats, j'ai des chants de victoire
Qui conduiront vos glaives acérés.
Désirez-vous apprendre notre histoire
Dans les refrains par la gloire inspirés?
  J'ai des pages entières

De ces chansons altières
Qui brisent aux frontières
L'étranger mort d'effroi !
    Ecoutez-moi !
    Ecoutez-moi !
Je suis, etc.

La musique se trouve chez M. L. Vieillot, édit., rue N.-D.-de-Nazareth, 32.

LES INCONVÉNIENTS DE LA FORTUNE

Air : *Adieu paniers, vendanges sont faites.*

Depuis que j'ai touché le faîte
Et du luxe et de la grandeur,
J'ai perdu ma joyeuse humeur :
    Adieu, bonheur ! (*bis.*)
Je bâille comme un grand seigneur...
    Adieu, bonheur !
Ma fortune est faite.

Le jour, la nuit, je m'inquiète :
La chicane et tous ses suppôts
Chez moi fondent à tous propos ;
    Adieu repos ! (*bis.*)
Et je suis surchargé d'impôts...

Adieu repos!
Ma fortune est faite.

Toi dont la grâce gentillette,
En me ravissant la raison,
Sus charmer ma jeune saison,
    Adieu, Suzon!   (bis.)
Je dois te fermer ma maison...
    Adieu Suzon!
Ma fortune est faite.

Plus d'appétit, plus de goguette;
Dans un carrosse empaqueté,
Je promène ma dignité,
    Adieu, gaîté!   (bis.)
Et par bon ton je prends du thé...
    Adieu, gaîté!
Ma fortune est faite.

Pour le plus léger mal de tête
Au poids de l'or je suis traité,
J'entretiens seul la Faculté :
    Adieu, santé!   (bis.)
Hier, trois docteurs m'ont visité...
    Adieu, santé!   (bis.)
Ma fortune est faite.

Vous, qui veniez dans ma chambrette
Rire et boire avec vos tendrons,
Qui souvent en sortiez si ronds,

Adieu, lurons! (*bis.*)
Quand je serai gueux, nous rirons...
Adieu, lurons!
Ma fortune est faite.

Mais je vois, en grande étiquette,
Chez moi venir ducs et barons :
Lyre, il faut suspendre tes sons.
Adieu, chansons! (*bis.*)
Mon suisse annonce, finissons...
Adieu, chansons!
Ma fortune est faite.

A. DÉSAUGIERS.

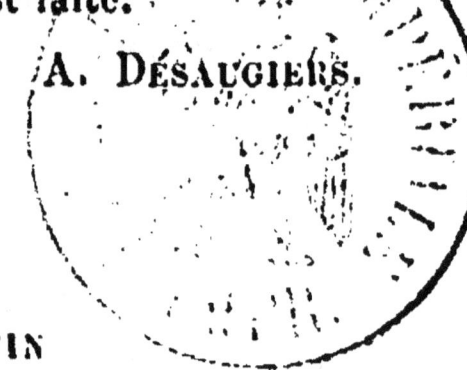

FIN

TABLE

Avis de l'éditeur.	1
La Lisette de Béranger.	3
La Légende du Bois-Joli.	5
Ma Femme au cabaret.	8
Le Plaisir.	15
Le Louvetier.	17
Mes Souvenirs.	19
Blanche de Bondys.	21
A mon amie	25
Foi, Espérance, Charité	27
Grandes vérités à l'ordre de tous les jours et de tous les pays.	29
L'Arabe et son coursier.	33
La Quêteuse	36
Le Savoyard poëte et galant	43
Une Mère!	46
La Clochette des prés.	48
Raoul le maudit.	50
Si les fleurs parlaient.	53
Le Buveur philosophe.	54
Ma Perrette.	57
Dodophe le noceur.	58
Enfants, n'y touchez pas.	61
Le Veilleur de nuit.	62
Le Tabac.	64
L'Angélus au village.	66

L'Ombre de Marguerite. 67
La Polka au village. 70
Au Clair de Lune 72
Emma. 75
L'Origine des couleurs. 77
Une Maison tranquille. 79
La Paille. 82
Voyage d'un Buveur. 84
Les Filles de Marbre. 85
Les Bienfaits de l'Amitié. 87
Ah! vous dirai-je, maman. 89
La Poussière. 91
Papa Bamboche. 93
La Favorite. 95
Le Pêcheur de marée. 96
Plus on est de fous, plus on rit. 98
Le Poitrinaire. 100
Alix ou les Cent Louis d'or. 102
Un Jeune Homme sacrifié 104
Le Méchant. 108
Le Vin, l'Amour et la Folie 110
Le Petit Pauvre 111
L'Aigle et le Limaçon 113
Paris à cinq heures du matin. 115
Le Vin et la Folie. 120
Ma Royauté. 123
L'Homme du siècle ou la Grande Armée . . . 126
Lucie de Lammermoor. 128
Une maison nette. 130
A Jenny. 133
Le Joli Garçon 134
Les Viveurs de Paris. 137
La Jardinière de Vérone. 139

Fanfan le joli tambour.	141
Vive la Gaîté.	143
Tais-toi, mon cœur.	145
Le Faubourg Saint-Marceau.	146
Ne comptons sur rien.	149
Jeanne la Fileuse.	151
Monsieur Rien.	153
Souvenirs nocturnes.	155
Exil et retour.	160
L'Inondation.	162
Aimons-nous, Alice.	165
L'Anglais mélomane.	167
Elle est à moi.	169
Trinquons, Buvons.	171
Le Sabotier.	172
Ché cha ouna fechte	175
Itinéraire de Saint-Ouen, port de mer des marins d'eau douce parisiens	178
La Juive.	181
Riches et Pauvres	186
La Gaze.	188
Le Bien vient en naviguant.	189
Un Mensonge dévoilé.	191
Mon Rêve d'amour.	194
Lucie de Lammermoor.	196
Vive le dimanche.	198
Les Flacons.	201
La Danse des petites filles.	203
La Jeune Fille à l'éventail	205
La Leçon de l'expérience.	207
A mes amis.	210
Paris à cinq heures du soir.	211
Le Langage des cloches.	218

Le 16 juillet 1857...	221
Les Bêtes...	223
Où vas-tu, petit oiseau?...	225
Chanson à boire...	227
Chanson à manger...	230
Chanson à dormir...	232
Le Rouleau...	235
Les Quatre Ages du cœur...	236
Reviens, mon fils...	238
Paul au tombeau de Virginie...	240
Les plaintes de la violette...	242
La Fête de Jeannete...	244
Les Animaux...	246
A Béranger...	249
La Noce de l'Auvergnat...	251
La Pipe...	254
La Locomotive...	256
Le Chant du zouave...	258
Les Farfadets...	260
Le Clou...	263
Le Dimanche du p'tit Pichu...	365
L'Eau va toujours à la rivière...	272
Mariez-vous, ne vous mariez pas...	274
La Chanteuse des rues...	276
Les Inconvénients de la fortune...	278

Paris, J. Claye, imprimeur, rue Saint-Benoît, 7.

IMPRIMERIE DE J. CLAYE
RUE SAINT-BENOIT, 7

www.ingramcontent.com/pod-product-compliance
Lightning Source LLC
Chambersburg PA
CBHW070753170426
43200CB00007B/769